ヨグマタ
相川圭子

心を空っぽにすれば夢が叶う

講談社
インターナショナル

ヒマラヤ大聖者ハリババジよりアヌグラハというグレイス（恩寵）をいただく(上)、ヒマラヤにて（中)、2000年3月、第13回公開サマディ［アンダーグラウンド･サマディ］。サマディに没入する直前（下）

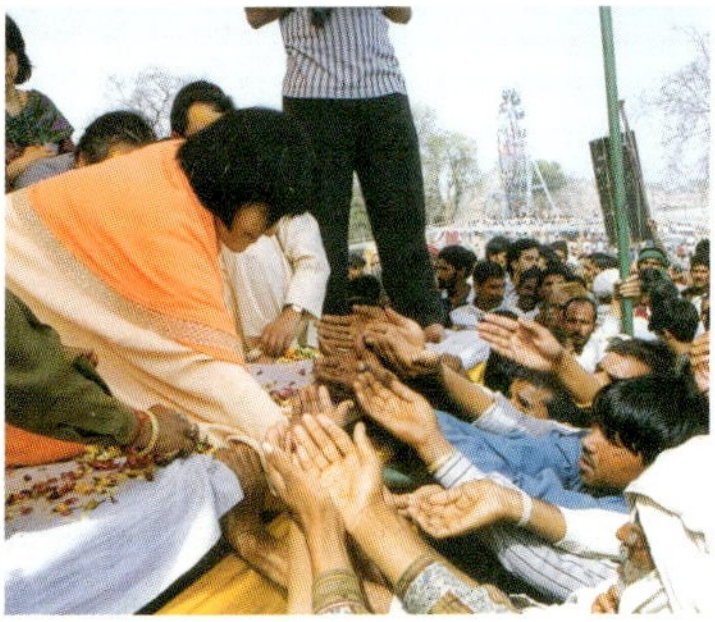

1997年2月、第10回公開サマディ後、人々にブレッシング（祝福）を与える（上)、1997年1月、第9回（中左)、2000年3月、第13回（中右)

2002年2月、第15回公開サマディ後のヤグナの祭典(左)、1997年9月、ニューヨークでヒマラヤ聖者パイロット・ババジと講演（右)。

2000 年 8 月、インドの国会議長、元首相らが東京のヨグマタを表敬訪問（上左）、2007 年 1 月、第 18 回公開サマディ後、最高指導者の称号「マハ・マンドレシュワリ」を授かる（上右）

THE TIMES OF INDIA

Japanese saint emerges from 'bhumi samadhi'

Japanese woman saint takes bhumi samadhi

Yog Mata comes out of 72-hour bhumi samadhi at Sangam on Sunday.

नईदुनिया

सभी को १ बजने का इंतजार था!

बिहार में राज्य सरकार के खिलाफ लोगों में भारी गुस्सा है

हिन्दी दैनिक

आइकवा न्यूज़

शिक्षा पर आधारित समाचार पत्र

आइकवा इंटरनेशनल एजूकेशन आई.टी. प्रोग्राम

SADGURU THE PERFECT MASTER

YOGMATA

AIKAWA INTERNATIONAL EDUCATION

2007 年 1 月の第 18 回公開サマディと 2004 年 4 月の第 16 回公開サマディを報じる新聞記事（上左、中左）、アイカワ・インターナショナルの、パブリックスクールのパンフレット（右）とデイリーニュース（下左）

心を空っぽにすれば夢が叶う

装幀　川上成夫

はじめに

悩みからの解放を

誰しも、生きていると思い煩うことがあります。家族のこと、将来のこと、あるいは過去のことなどが、さまざまに去来します。毎日、食べて、寝て、仕事をして、ほぼ同じローテーションで暮らしていて、あまり問題もなく、幸せに生きていても、何か問題が起こると、心はとまどってしまいます。そこから逃れたい、なぜこんなに苦しいのか、どうすれば楽になるのか、いったいどのようにしたら不安から解放されるのだろうか、などと悩むものです。

本来、心とはさまざまなものをクリエイトする力のある、限りなく豊かなものです。ところが、生きているあいだに、さまざまな欲望が発達し、また現代という、スピードが速く、複雑化した社会が発するたくさんの情報によって、私たちの心は、ゴミやガラクタのようなものでいっぱいに詰まって、混乱を引き起こしています。自分の内側を見つめる機会があれば、それらがあまりに多いことを知って驚くことでしょう。

しかしながら、多くの人は、自分の心にそんなゴミやガラクタが入っているということすらわかっていません。というのも、私たちは、いつも何か瑣末なことを考えたり、思い煩ったりしており、心はそうした雑多なことと一体になっているからです。従って、自分の心のありようはもちろん、いまどういう行動をとっているのかすら、気づいていません。そうして、無意識に行動することを続けながら、運命に流され、日々の生活を送っているのです。

それでも、本当に私たちが苦しい時には、心の存在に気づきます。心の苦しみが極みに達し、針のむしろの上にいるように感じることもあるでしょう。想いが千々に乱れて、あちこちに揺れ動き、とても落ち着いていられないという経験もします。

そんな時に、心の存在をいやというほど感じるのです。しかし、それを知っても、私たちはどうすることもできません。なぜなら、心そのものが右往左往しているからです。

ところが、そのような時に初めて、自分の生き方について問いかける機会がやってくるのです。いったい何のために生きているのかと。それこそがチャンスの到来なのです。真の成長への道が、あなたに開かれようとしているのです。

ヨガの大聖者に教えを受けて

この宇宙は限りなく素晴らしい世界です。そこには星があり、月があり、太陽があり、すべてが絶えず動いています。また地球には山があり、川があり、海があり、雲が流れ、草木が生え、それら大自然は美しく輝いています。

私たち一人一人は、その大宇宙の中に生かされ、育まれている存在です。そうした宇宙の愛と両親の愛の恵みの中で生まれたはずであるにもかかわらず、私たちの心は、ころころと勝手に動き回り、しかも迷ったり、曇ったり、沈んだりします。

しかし、本書を読めば、そんなあなたのもやもやとして混乱した心が、明るく、落ち着きのある、そして喜びに満たされたものに変わっていくに違いありません。

私は、高校生の頃に縁があってヨガに触れてから、その研究と実践を進めてきました。同時に、「心とは何か」、「人はなぜ生きるのか」ということを模索し、ヨガの指導をしながら、心と体と魂について追求してきました。それにあきたらず、さらなる真実を求めて、インドの各地で修行を続けました。神が住むというヒマラヤにおいて、神への道である「サマディ修行」という厳しい修行を、何年もの間、積んだのです。

そしてついに、聖者パイロット・ババジとのご縁により、ヒマラヤの奥地でヨガの大聖者ハリババジに巡り会うことができました。幸運きわまりないことです。はじめてお目にかかって言葉をいただいたときは、感動で涙が湧いて止まらなかったものです。

私は、そうしたヒマラヤでの修行や、その後の個人的な修行を基礎におき、その気づきから得たことを、日々の生活の中で生かし、新しい生き方を学んできました。

そうした取り組みが認められて、大聖者ハリババジより「アヌグラハ」という神のグレイス（恩寵）をいただきました。やがて、インドのみならず世界の中で、女性として、かつ外国人として初めて、ヒマラヤ聖者のシッダーマスター（完全なるマスター）となり、ヨグマタ（ヨガの母）の称号を授かり、聖者の名前である、ケラデビギリというスピリチュアル・ネームをいただきました。さらにインド二千万人の聖者・行者の最も伝統あるジュナ・アカラ（別名インド・スピリチュアル協会）という最大のグループの最高指導者の称号、「マハ・マンドレシュワリ」（偉大なる宇宙のマスター）という称号も賜りました。

そしてインド政府の許可のもとに、ヨガ・瞑想の最高のステージとされている「公開サマディ（真の悟り）」を、女性として史上初めて行いました。これは、神我一体となり、地球を浄め、人々の心を浄化するもので、すでに十八回を数えます。その体験によって、経典などに記された「生死を超える道」「悟りの境地」があることを実証しつつ、毎回、インドだけでなく世界中から訪れる十万人以上の人々に対して、祝福を与えてきました。

ヒマラヤの教えをあなたに

ヒマラヤの教えは、五千年以上も前から、延々と伝えられてきた不変の真理です。

この本は、ヒマラヤの教えを師から受け継いだ私が、現代に生きるすべての人々に、わかりやすくかみ砕いて、お伝えするものです。

本書を読むことで、あなたがこれまで抱いてきた、悩みや不安の正体が見えてくるに違いありません。そして、自分がなぜ悩んだり苦しんだりしていたのかが、よくわかってきます。あなたは内なる深い井戸の奥底から真理を汲み出して、生きることが楽になり、自由になる、そんな生き方を身につけることができるでしょう。

私たちの本質は、これまで思い込んでいたものよりもはるかに素晴らしく、じつに豊かな可能性に満ちた存在であることに、あなたは気づくはずです。また、日々の生活が、毎日の出会いが、そしてこのなにげない一瞬一瞬が、本当は輝かしく、限りなく慈愛と魅力に溢れたものであることを、きっと実感することでしょう。

さらに、あなたの現在の思いと行動が、世の中全体とじかにつながっていることにも気づかれるに違いありません。

これまでと同じ場所で、同じ人たちと、同じように日々を過ごしていても、そこは以前とは明らかに異なり、やさしい愛の光の放たれた、深く麗しい世界へと変貌していくことでしょう。あなたの生活は、これまでよりもはるかに充実したものとなり、やがて、人生が大きく様変わりしていくことに気づくはずです。

ヒマラヤの教えは、「アヌグラハ」といわれる偉大な愛と神のグレイスであり、あなたは本当の幸福を得て、さらには悟りに導かれるのです。

目次

第1章

心のとらわれを外す

――「あなたの心」は、あなた自身ではない

一生懸命に生きているのに、なぜ

「もっと美しくなりたい」「もっと能力を高めたい」「家族の関係を良くしたい」「心の平和を得たい」「悟りを得たい」「ガンを治したい」といった希望を叶えようとして、必死で模索している人たちがいます。

「自分はこれだけ一生懸命に生きているのに、なぜ悩み事ばかりあって苦しいのでしょうか」「毎日がつまらなくてたまらないんです。もうどうにでもなれという気分です」といった不安や悩みを抱えている人たちもいます。

私のところには、このようなさまざまな問題で、解決策を求めて訪れてくる人が、あとを断ちません。この人たちに限らず、日々真面目にがんばっているのに、どうしてもうまくいかない人や、程度の差はあれ、苦しみ、不満、病気を抱えて悩んでいる人は少なくないことでしょう。

いったい、希望をもち、願いを叶え、より豊かな人生を生きるとともに、悩みや苦しみのない人生を過ごすには、どうしたらよいでしょうか。

そのためには、本当の幸福とは何か、ということを理解する必要があります。

私たちはこの肉体をいただき、心をいただいて、日々を送っています。しかし、私たちの多くは、本当に豊かな生き方とは何か、本当に幸せな生き方とは何か、ということに気づいていません。そのために、見せかけだけの小さな幸せを求めてしまうのです。

それがもとで、人生でいろいろな勘違いが起きてしまい、さまざまな悩みや苦しみが生じてきて、生きていくことが楽ではなくなってくるのです。

もし、本当の自分というものを知ることができれば、そうした悩みや苦しみはすぐに解消できることでしょう。ぜひ、この本を通して、本当の自分を知る方法を身につけていただきたいと思います。

では、本当の自分を知るにはどうしたらよいでしょうか。その第一歩は、自分自身を深く愛することです。それができれば、あなたの「内側」が喜びと感謝で満ち溢れてくることでしょう。なぜなら、自分自身を愛することで、心が平和になるからです。そして、自分自身を信頼できるようになり、自分が安らぐからです。

こういっても抽象的でわかりにくいかもしれません。具体的にどうすればよいかは、おいおい説明していくことにしましょう。

ただ、相談に訪れる人たちに対して、私が生きる意味について語り、自分とは何かということを説明していくと、やがて誰もが打って変わったような表情で、次のようなことを口にします。

ちです」

「おかげさまで生きていくことが楽になりました。これまでの長い間の重荷が取れたような気持

「私はこれまで運が悪い人間だと思い込み、毎日が嫌でたまりませんでした。でも、お話を聞いてから、うっとうしい気分がだいぶ楽になってきました」

そして、自分自身を愛することができれば、まわりの人たちも愛することができます。そうすれば、自分が安らぐだけでなく、まわりの人たちも安らぎ、幸せになります。

会社の上司と衝突を続けていて、「あんな横暴な人をけっして許すわけにはいきません」と私の前で息巻いていた女性も、やがてさばさばとした表情で語ってくれたものです。

「あの上役も苦しい立場に置かれ、ストレスを抱えて大変だったのだな、とよくわかりました」

こうして、誰もが安らぐことができれば、そこに本当の幸福と平和が生まれてくるのです。

あなたはいったい誰なのか

この本を読み始めたあなたに、私がまずお尋ねしたいのは、次の四つの質問です。

「あなたの豊かさや苦しみは、どこからやってくるのでしょうか」

「あなたには体があり、心があります。頭脳があります。それはどこから送られてきたのでしょうか」

「あなたの中には何があるのでしょうか」

「あなたは誰ですか」

こうした質問に対して、「自分は自分だ」「私は私です」と答えるかもしれません。でも、本当にそうなのでしょうか。本当の自分を知るためには、まずそこから疑ってみる必要があります。

あなたはお父さんとお母さんのあいだに生まれ、あなただけの名前をもち、なんとかという学校を卒業して職業につき、現在、社会の中で、一生懸命に毎日の生活を送っていることでしょう。確かに、そのことは否定のできない事実です。でも、そうした経歴と肉体と思考力をもつあなたが、はたして本当のあなたなのでしょうか。

私たちは、何気なく、こういう言い方を口にします。

「私はこう思います」「私がこれを創りました」「私は病気です」

しかし、「私」が思う、というとき、それは「本当のあなた」が思うのでしょうか。実は、「あなた」が思うのではなく、「あなたの心」が思うのではないでしょうか。「あなた」と、「あなたの心」は本当に同じものなのでしょうか。

同じように、「私がこれを創りました」というとき、それは「あなた」が創ったのではなく、「あなたの心」が創ったのではないでしょうか。「私は病気です」というとき、「あなた」が病気なのではなく、「あなたの体」や「あなたの心」が病んでいるのではないでしょうか。

体や心というのは、あなたそのものではありません。じつはあなたの「外側」を表現しているに過ぎないのです。

苦しんでいる心はあなた自身ではありません。体もあなたではありません。苦しんでいるのはあなたではなく、体と心が苦しんでいるのです。

こう考えてみてはいかがでしょうか。あなたが思い惑うとき、その心を超然と見つめている本当のあなたが、じつは別のところにいる――そう考えることができると、苦しみも悩みもすっと消えていくはずです。

この心と体にパワーを与えている、命を与えている存在、それこそが本当の自分なのです。それは純粋であり、自由であり、すべてに力を与える源の存在から分かれた存在です。

心は依存の対象を求めている

では、心とはなんでしょうか。まず知っていただきたいのは、心とはエネルギーの一種であり、体のコントローラーであるということです。従って、心には方向性があり、独特の力をもち、いろいろな性癖があるのです。

その性癖の一つが、「常に依存の対象を求めている」というものです。私たちの心を探っていくとき、最初にぶつかるのが、この「依存」です。実は、なぜ心はネガティブに傾きやすいのか、そして、そうした心にいつも振り回されてしまうのか、それを解く鍵がここに潜んでいます。

人は時に、悩みや悲しみ、苦しみが表面化して、にっちもさっちもいかなくなります。それではどうにもならないため、そうした苦悩や心配を忘れ去ろうとして、そして寂しさをまぎらわそうとして、私たちは常に外の何かに依存するのです。依存すれば、表面的には楽しく生きることができるからです。

現代という時代には、私たちが依存できる、もろもろの喜びがあります。テレビを観たり、友だちと楽しく話したり、買い物をしたり、旅行に出かけたり、コンサートや映画館に足を運んだりすることが、ごく簡単にできるのが現代です。

私たちはこうして、さまざまな物を所有し、知識を身につけて、快適な生活をすれば、心も豊かな人になるに違いないと信じています。目に映るもの、耳に聞こえるもの、舌で味わうものなど、感覚を通して入ってくる刺激に対し、すぐさま心の欲望が働き、それを手に入れようと行動し、そして手に入れるのです。

とはいえ、それで本当に私たちは満足できるのでしょうか。いえ、それどころか、ますます次のものがほしい、もっとほしい、と渇望するのが人間の性《さが》なのです。

確かに、一時的に感覚や心は満足しますが、すぐに次なる欲望が心にのぼってきて、さらなる満足を求めていくからです。そうして、私たちは常に不足の思いを抱き、物、金、人といった外側のものに執着していくのです。

心は常に渇望し、執着をする

この世には、富める人生を歩んでいる人もいれば、そうでない人もいます。人さまざまではありますが、外側のものが得られなかった人はもちろん、それらが得られた人も同じように、何か深い内側が満たされない、物足りない思いを抱いているものです。

というのは、人がこれまで入手し、所有してきたものすべてが、感覚や心の満足のためであるからです。欲望とは、心が必要なものをほしがることであり、さらにはあとで詳しく述べるように、その人の「カルマ」という、すべての過去の行為の体験の記憶から生まれる行為なのです。

カルマは私たちの心を、いつも忙しくします。一つのものを得ると満足し、さらに次のものを欲しがり、その欲望がどんどんエスカレートしていきます。そして、得られないと不安になったり、落ち込んだりするだけでなく、それを持っている他人と比較して、嫉《ねた》んだり羨《うらや》んだりする心が生まれるのです。

私たちの心というのは、常に何かを欲しがり、何かの動きをしたいのです。知識を求め、美しさを求め、物の豊かさを求め、自分のエゴを満足させたり、人々を満足させるために、忙しくしています。その心はいろいろな便利なものを作り出したり、芸術を発展させ、文化を築いてきました。

しかし、いずれは飽きてしまい、満足に達することはないのです。それは本当の自分からどんどんどん離れることであり、外側のものへの執着であり、その欲望はどんどん限りなく膨らむだけ。そうして、私たちは心の平安を失ってしまうのです。そういうことを繰り返していっても、ゲームはいつまでも終わりを迎えません。

それを避けるには、自分をしっかりと見つめ、コントロールしていかなければなりません。不安や不満はすべて、外側のものを得ようとする心の欲望から生まれるものです。何が真理なのか、自分の心を忙しくしているのは本当の人生なのか、外側のものを得ていくのが本当の人生なのか、ということを見つめていかなければならないのです。

社会に洗脳されている状況

私たちは、幸せになりたいと願い、豊かな人生を歩みたいと思って、さまざまな人に会い、たくさんのものを手に入れてきました。

例えば、有益といわれる本を読んだり、社会で活躍している人の講演を聞きに行ったり、両親や先生などから学んできたのも、そうした願いがあるからこそです。

多くの人は真の幸福とは何かということを知らないのです。そして現在、幸福になろうとして、ただ周囲の人の真似をしたり、目上の人の言うことを聞いたりして、行動しています。ことばを変えれば、それは社会に洗脳されているようなものです。

つまり、人は社会に学んで多大な影響を受け、世間のいろいろな見方や意見に染められて、あたかも夢遊病者のように歩いてきたのです。

その結果、まわりの人と同じことをしていると安心だと思い、できるだけ、みんながやっているように行動するようになってしまいました。

このような行動パターンは、付和雷同という言葉がぴったりです。あるものが流行《はや》ると、それを買わなければならないような気がして、気がついた時にはもう手に入れてしまっています。そればかりか、三日くらい使うと、もう飽きてしまい、まもなく見るのも嫌になってしまいます。

こうして、私たちは永遠のものではなく、すぐ飽きるものに夢中になって、かじっては捨て、かじっては捨て、というように、目まぐるしく毎日を生きています。すべてまわりからの影響に振り回され、自分が見つめられなくなっているのです。

では、どうすればよいのでしょうか。

感覚の楽しみや心の楽しみといった、外側の満足を味わっているばかりでは、それが解決することはありません。大切なのは、「自分は誰なのか」「喜んだり苦しんでいる感覚や心は自分自身なのか」ということを気づき、理解しながら、本当の自分を知っていくことです。

言い換えれば、心にコントロールされるのではなく、心を気づくことによって、心をコントロールできる人になっていく必要があるのです。

心は肯定と否定の間を行ったり来たりする

最近、うつ病になる人が多く、大きな社会問題になっています。

うつ病になるのは、自分や他への思いにこだわり、固執し、否定的な心を使いすぎて、ストレスを過剰にため込んだり、疑いをもって生きているために、エネルギーがダウンしてしまったり、逆に自分の強い思いでエネルギーを使いすぎ、やがてバランスを崩してしまうからです。そしてその心や、また、ストレスとなるまわりの状況に反応して、バランスを取り戻せず、不安のため、行動にブレーキがかかってしまうのです。

うつ病になる素地は、誰もが持ち合わせています。というのも、心は常に肯定的なことを考えているのではなく、肯定と否定の間を行ったり来たりしているからです。この状態を癒すのに、現代医学も手こずっているようです。心は素晴らしいものである一方では、ちょっとバランスが崩れると、まるで正反対なものに変わります。本当に心は厄介な代物なのです。

人の心とは不思議なもので、満足するために、まず自分の不足に気がつき、それを充足させようと働くのです。すると、どうしても自他の欠陥ばかりが目についてしまい、良いところや、満たされている心の存在に気づきません。

多くの人は無意識に不足ばかりを探し、不平不満の気持ちをつのらせるため、苦しいのです。

それを当たり前と思い込み、自分自身を苦しめていく行為とはちっとも思っていないところが問題です。逆に考えれば、自分はいかに満たされているかということを見つめることができれば、否定的な思いから逃れることができることでしょう。

ポジティブ・シンキングは一面的

否定的な思い、あるいは悩みから免れる方法として、まずポジティブ・シンキング（積極的思考、プラス思考）をしていくという考えがあります。

どんなときもポジティブであることは大切です。そう心がけるとよいのです。ただし、過ちを犯した場合でも、自分に都合よく、ポジティブに考えてしまうことは逃げであり、自己防衛をして楽になることでもあります。もちろん時には、そうした考え方も許されるでしょう。ネガティブな完璧主義では、自他の過ちを責め、本人が苦しくなってしまうからです。しかし、本当はその出来事を通じて、さらに成長することが望ましいのです。

それにポジティブ・シンキングばかりでは、自分を見直すきっかけがつかめず、反省のチャンスを失い、エゴの肥大にもつながってしまいがちです。

むしろ大切なのは、自分と物事をしっかりと見つめていくことです。怒ってばかりいると心臓が苦しくなるとか、心配ばかりしていると不眠に陥って体の具合が悪くなるといったことに気づいて、その上でポジティブを選択する人になるのです。場合によっては、おめでたいくらいにポジティブであるのもよいかもしれませんが、それも心の働きにすぎません。そうではなく、気づきをもって物事の成り立ちを理解できる人になるのがよいのです。つまり、あるがままの自分を受け入れるということです。

さて、自分の生きがいが見つからないとか、何をすればよいのかわからないとか、何か特別なことをやりたいとか、小さなことは意味がないという思い込みや、あるいは現実離れした空想をもち、まわりから理解が得られないといった、さまざまな悩みが人の心を落ち込ませます。

自我を確立し、クリエイティブに生きる、自己実現という風潮は、一つの大きなプレッシャーとなり、いつも一生懸命である人や完璧主義の人に、焦りの心を増長させ、逆にこれらが苦しみをつくり出しているのです。そして、自分を伸ばそうと思う反面、体力、気力がついていかず、やがて自己嫌悪に落ちていき、無気力になったり、うつになるのです。

できる、できないということにとらわれず、だめであっても、あるがままの自分を愛することです。別に特別な人になる必要はないのです。大切なのは、今にいることです。

お掃除や日々のさりげない仕事も大切です。今与えられていること、やらなければならないことを、まず無心で行うのです。そこから道が開かれていきます。

ここで、さらなる救いをお伝えしたいと思います。気づきとともにもたらされる、ヒマラヤ秘教のアヌグラハの恩恵は、こうしたうつ病になるような心の苦しみやこだわりを、不思議なほどすみやかに解かして、本来の自信に溢れた、平和な状態を取り戻してくれます。あなたの心が自由になり、現実を楽に正しく受け止めることができ、再び楽に生きられるのです。

自分についてのアウェアネス

自分を知るためには、自分は今どういう状態であるか、ということを常に気づいていくことが大切です。もっとも、口で言うのは簡単ですが、必ずしもそれは容易なことではありません。たとえば、ふだんはおとなしい人が、お酒を飲んで気が緩むと、無意識のうちに見も知らぬ人に文句をつけるといったことが起きるかもしれません。酔っているときには、自分がどういう状態であるかを気づくことができないために、こうした間違いを犯してしまうのです。もちろん、まじめに仕事をしているときに、意識して見知らぬ人に突っかかるようなことはなかなかできません。ふつうは、そこに理性というブレーキがかかっているからです。

この例からもわかるように、私たちは意識を覚醒しておき、今何が起きているのかを気づく訓練が必要となるわけです。今何が起きているかがわからないのでは、酔っぱらった状態となんら変わりがありません。

当たり前のことですが、私たちの目と耳は外に向ってついていて、外のことをキャッチする能力が発達しています。そのため、外のものを見逃さないようにするのには必死ですが、自分の内面は見つめていません。外のことを聞こうと懸命になっていても、自分の内なる声は聞いていないのです。

しかし、ヒマラヤの秘法を受けることによって、不平不満、孤独感、怒りなどをもつ自分を客観的に見つめることができ、同時に、とても楽になってきます。そして、だんだんと自分の奥底にあるものに近づくことができ、同時に外のものを愛をもって見られるようになります。

まるで、タマネギの皮をむくように、周囲をとりまくものを何層もむいていくと、やがてその芯にある「真の声や真の姿」がわかるようになります。それによって、本当の生き方はどうあるべきかが理解できれば、本当の豊かさが内側に広がり、本当に生きているという実感が生まれてきます。それこそが気づき（＝アウェアネス）であり、真理を知っていくということなのです。

アウェアネスには段階がある

真理というレベルから社会を見ていくと、いらないものはどんどん捨てて、シンプルになっていくことができます。何事にもとらわれず、ただ見ているのです。必要なものだけを活用し、よけいなものは一切取り込みません。そうなった状態のことを気づき、つまりアウェアネスといいます。

アウェアネスは瞑想修行を進めることで進化していきますが、マスターが持つ高次元のエネルギーとともに行えば、それに守られながら簡単に実現できます。そして、アウェアネスによって真理を知れば、本当の自分を得ることにつながり、やがては神に出会うことができるのです。

アウェアネスには段階があるのですが、それを簡単に説明しましょう。

まず、体を見つめます。とらわれずに体の内側と外側を見つめることによって、体を理解することができるはずです。やがて、そこには好き嫌いを超えた感謝の気持ちが生じてくるでしょう。

次に、感覚を見つめます。五感を見つめることによって、正しい機能を回復し、バランスがとれるようになります。

そして、感情を見つめます。イライラ、焦り、嫉妬、好き嫌い、怒り、悲しみなど、いろいろな感情が見えてくることでしょう。そうした感情に込められているとらわれを捨てることで、感情を超えることができます。

さらに、心を見つめます。心には、思考、分析、判断、葛藤などと、今の心、過去の心など、さまざまな心がありますが、それらを見ていきます。すると、「過去生」と呼ばれる、前の生から深く刻まれている心も見えてきます。

また、呼吸を見つめ、エネルギーを見つめます。そうした段階を追って瞑想修行を進めていくことで、最終的に真のアウェアネス、つまり、覚醒、悟りに達することができるのです。

調和をとるということの意味

アウェアネスとともに生き、アウェアネスの瞑想修行を行えば、常に自分を中心に戻すことができ、周囲のことに思い惑うことがありません。自分を中心に据えるということをしていかないと、たとえあなたに働きかけるものが良いものであっても、あなたに災いをもたらすこともあるのです。

というのも、私たちが一つのことをずっと続けるのは、執着からくる心の癖であり、同時に体の癖でもあるからです。たとえ良いことであっても、一つのことにこだわり、アンバランスな心や体の使い方をしていると、調和をとることができません。そのために、アウェアネスによって気づきを深め、とらわれを外すことで、調和を図るようにするのです。

ここでいう調和とは、ヨガという意味です。ヨガは結ぶことを意味し、すべてが愛で結ばれ、調和で結ばれ、感謝で結ばれたとき、ひとつのものとなり、ヨガが起き、純粋になり、本当の自分が現れるのです。これがヒマラヤの教えなのです。宇宙のすべてはこの自然の法則で成り立つ、ひとつひとつの深い真理です。これをすみやかにアヌグラハのパワーで起こしていくのです。

現代生活というのは欲望が渦巻いているために、無限の愛ではなく、好き嫌いという基準のみによって、特定の方向にひたすら走っていくという傾向があります。そのために、やがて心や体の調和、バランスが崩れてしまうのです。

これは、人間関係でも、物に対する好き嫌いでも同じこと。いったん人や物を気に入ると、スイッチが入ったかのように、一気にエネルギーが流れていってしまいます。その結果、「好き！　好き！」という気分になり、とらわれが増大して、手放すことができなくなります。それは執着にほかなりません。

一方、気に入らないものに対しては、「いやだ！　ヤダ！　ヤダッ！」と徹底的にブロックしがちです。しかし、嫌いであっても、離れたつもりであっても、深いところでこだわりが残っている限りは否定的な執着なのです。

何かを変えるためには、何かをするということが一般的な方法ですが、ここで、最高で最終の教えをお伝えしましょう。

それは、心の働きをやめて、あるがままに、ただ見ていることです。好きも嫌いもなく、スイッチオンもしません。「ただそこにある」という純粋無垢《むく》な心に戻っていくのです。この練習をしてほしいのです。それは執着がほどける、それぞれのバランスのとれた状態に戻っていくことです。それは最高の道です。

心は強いため、ただ見ていようとするあなたを邪魔することでしょう。その邪魔も受け入れてみるのです。

しかし、その妨害を防ぎ、何もしないで、ただ見ていることをサポートできるものがあります。それがヒマラヤ秘教の愛であり、ヒマラヤ秘教の力です。ヒマラヤの教えの恩恵を受けることによって、心の癖や執着を科学的に積極的に浄化することができ、すみやかに自由になっていくことができます。そのときは訓練をしなくても、アウェアネスが自然に起きるのです。

今、何が起きているか、自分で気づいていく

現代社会は、外側の世界が非常に刺激的なため、私たちの心はどうしても外に向かいがちであり、内側をじっくり見ていく機会がありません。

しかし、自分の内側を見ていくことができれば、それまで思いもよらなかった考えや、新鮮な発想が浮かび上がってくるはずです。それは、自分の心が見えてくるからにほかなりません。

ふだんは心が何かひとつのものにとらわれているために、心がそのものと一体になって、内側を見ることができません。

そこで、心のとらわれを解くために、心をすっと休めて、何もしないで内側を見ていくようにする練習が大切です。それができれば、自分の状態、さらには外の状態がくっきりと見えてきて、理解を深めていくことができます。

やがて、あなたは気づくことでしょう。内側に湧き上がってくる不必要なものを、自分は何よりも大切なものだと誤解し、それに執着していたのだなということを。

さらに、自分はいったいどういう生き方をしてきたのか、どういう態度をとっていたのか、ど

ういう性格であるのか、周囲の人はどうであったか、などといろいろなことが見えてきます。そうした作業は、ときに苦しくもあり、また楽しくもありますが、間違いなく洞察力が深まり、豊かな自分をつくっていくベースとなっていくはずです。

多くの人は自分の思い込みにとらわれているために、人の意見になかなか耳を傾けることはできません。ところが、そうした思い込みから心が外れていくと、「あっ、いろいろな考えがあるんだな」と思えるようになるのです。

無心になることによって、自分も周囲もイキイキとする

内側への気づきが深まっていくと、心の不安や敵対する心が消え、平和な静かな心になっていきます。そうなると、周囲の人たちもあなたに引き寄せられていきます。

こんな様子を想像してみてください。アフリカを旅行中のあなたの近くに、突然ライオンが走ってきたとします。あなたは、とっさにどのように行動するでしょうか。危険が身に迫ったと感じて、素早く逃げ出したり、物陰に隠れたりするでしょうか。あるいは、武器を持って自分から飛びかかっていくでしょうか。

恐怖心に襲われた人間や、ライオンに立ち向かおうとする人間には、身体のシステムとして、興奮を呼ぶアドレナリンというホルモンが一気に分泌されます。それが、ライオンに敵対するエ

ネルギーを発散するのです。あなたが敵対エネルギーを出せば、それを感じたライオンがあなたを襲ってくることは間違いありません。

そもそも、ライオンは自己防衛本能によって、動くものに対して噛み付くようにプログラミングされています。ペットとして飼われている猫を見てもわかるように、小さい時からそうして獲物を狩る訓練をしているのです。パワーとスピードの勝負になってしまったら、絶対にかないません。

では、あなたはどうすればよいでしょうか。非常に難しいことかもしれませんが、ライオンに対して、「あなたと私は兄弟なのだ」という愛と平和のエネルギーをファーッと出すことができれば、生き残る可能性があるかもしれません。

例えば、小さい時からライオンを恐れないで育っている人ならば、ごく自然な態度で向き合うことができるので、ライオンを手なずけることが可能でしょう。それと同じように、敵対するエネルギーを発散しないで、自然な態度で向き合えれば、ライオンに襲われずにすむ確率もあります。

このことは、相手がライオンでなく、人間の場合でも同様です。それまでの人生経験や失敗体験が積み重なって、目の前の人間を攻撃的な存在だと思い込んでしまうと、敵対的な対応の仕方しかできません。すると相手もまた、その否定的なエネルギーを感じて、本能的に敵対的な対応をしてしまうのです。

逆に私たちは、無心の人の前にいたり、無邪気な子供の前にいると、まったくの無防備の状態でいることができます。それは、相手から敵対的なエネルギーが発散されていないからです。無心であることから、さらに進化をすすめ、本当の自分になると、心の不安や敵対する心がすべて消え失せ、純粋無垢で平和な存在となります。すると、そこから発するエネルギーは、子供や動物を引き寄せることさえできるのです。

何が正しいのか、何が間違っているのか、その行動の可否をどのようにして決めるのかというと、その原理はシンプルです。自分のエゴではなく、本当に自分の命がイキイキとして、そしてまた、相手の人も生命がイキイキとなる、そういった関係になれることです。自分が気持ちよく、相手も気持ちがよいという状態こそが、バランスのとれた中庸の状態です。やがてそこに信頼と愛が生まれるのです。

気づきが起き、心のとらわれを外していくと、そのようにして、自然に正しいことと心地よい感覚とが、自分自身でわかるようになっていきます。

第2章

大切なものを捨てれば幸せになれる

背負い込んで、窒息しそうになる

私たちには、たくさんのものを持てば持つほど幸せだという、強固な価値観があります。そのため必死になって、肩書を持ったり、お金をもったり、知識をもつことに努めます。

時代が変わると、そうしたものの価値も変わります。定年や引退などによって肩書を手放さなくてはならないときもくるでしょうし、お金は使わなくては意味がありません。何よりも、この世を去るときには、肩書も財産も知識も手放さなければならないのです。

ところがみな、生活に対する不安や、将来の安定を失う不安から、常にいろいろなものを掻き集めて、すべてを得ようと奮闘しています。そして、その結果、いろいろなしがらみに縛られるようになってしまっているのが、現代の人々の姿ではないでしょうか。

良い仕事や高い地位を得よう、家族や知人からの愛や信頼を得よう、健康を得よう、良い成績を得ようとして戦い、それを手に入れたり、成功と幸福を摑んだにもかかわらず、さらにそれを維持するために戦い続けるのです。そしてそれらのプロセスで喜び、悔しさ、コンプレックスといった、いろいろなものを次々と背負い込んだあげく、それに押しつぶされて窒息しそうになるのです。

どんなに愛する人がいても、また自分が作り上げたり、いつまでも持っていたい、どんなに愛するものがあっても、それらをすべてこの世に残して去ることになるのです。もちろん、この肉体さえも置いていかざるを得ません。

そこで、いったい私たちにとって何が最も重要であるか、最後まで持っておくべきものは何か、それについての気づきをしなければなりません。それによって、おのずと、いかに生きるべきか、という答えがやってくるはずです。

見てくれという、とらわれ

「年を取ってきたら、急にみんなが相手にしてくれなくなったんです」

私にこうこぼしたのは、ある三十代の女性です。三十代なのに「年を取った」と言われると、困ってしまうのですが、そう感じる人は少なくないようです。

どうも、現代の日本は若い女性をもてはやす風潮が強く、女性自身もまた「三十を過ぎると、もうオバさんなのだ」と思いがちです。そんな思い込みを持つと、実に辛いことになってしまいます。

でも、大切なのは自分の心の持ちようです。自分の心が変わって、「年齢など関係ない。外側の見てくれではなく、内側の美しさが大切だ」と思うようになれれば、そうした価値観を持った友達が新たに現れてくることでしょう。

大切なのは、自分の思い込みを外すということです。そうすれば、五十代になっても、六十代になっても、年齢など関係なく魅力的になります。気づきを深め、純粋になり、本質の自分に近づくと、自分を愛することができ、すべてが充実していきます。たとえ、しみやしわの数が多くても、年齢を超えた価値がでてくるのです。

この女性のケースは、ほんの一例ですが、私たちはみな、多かれ少なかれ、人によく思われたい、評価されたいといった、同様なとらわれがあります。これらは外側への一つの執着であり、心の働きなのです。

思い切って、大事なものを手放す勇気を

多くの人は美しいものに執着します。たしかに美しいこと自体は素晴らしいのですが、その多くは自分の外側のものに過ぎません。そしてまた常に変化するものであって、不安定なものだということを知らなければならないのです。

ですから、美しいものを手に入れるのはよいのですが、さらに一歩進めて、内側から調和のと

れた自然の美しさが表われるようにすることです。そして大切なのは、それらに執着しない心になっていくことです。

私たちは、きらびやかに映るものを、すべて自分のものにしたがる性癖をもっています。歴史的にみても、人間というものは欲しいものを必死で手に入れたり、強引に奪うことを繰り返してきました。そして私たちは、不要になっても、人にあげるのを嫌がり、ひたすら抱え込みます。

それは、目に見える品物だけではありません。私たちは、いろいろな知識を抱え、いろいろな体験を抱えています。でも、それで心は豊かになっているのでしょうか。いや、それどころか、実際は無知と欲望と混乱によって、心の内側はひどく不自由な人間になっているのです。

もし、自分自身の内側に気づくことができるならば、そこには知識や希望を抱えていると同時に、うぬぼれやこだわりも抱えていることを発見するでしょう。情熱や思いやりを抱えていると同時に、嫉妬心や不満も抱えているはずです。

本当に価値ある人生にするためには、それらがそこにあっても、あるがままとし、しかしとらわれない訓練をするか、あるいは、思い切って、何もかも手放す勇気が必要なのです。そのプロセスのなかで、あなたは重い心から軽い心になり、そして心が本当に楽になっていくことでしょう。

特に否定的な心を、さらにうぬぼれ、こだわり、優越心といった心のガラクタを、いさぎよく全部投げ捨てていくのです。最終的には喜びさえ、捨てなければなりません。さもないと、そうした心が真理を覆い、その奥にある、さらに豊かな存在、真の自己になることができません。もっとも、何もかも捨てようと決心しても、いざ手放す段になると、なかなかそれができません。とくに、知識や欲望といった形のないものを捨てるのには、困難が伴います。

その過程では誰しも、人によく見られたい、よくありたいといった、いろいろな思いが出てくることでしょう。しかし、あなたはそういうものをすべて捨てていかなければいけません。「ああでもない、こうでもない」というとらわれの心を、すべて焼き切っていくことで、何層もある心のレベルを純粋にでき、心を空っぽにすることができるのです。

捨てるという言葉がしっくりしない人は、次のように理解するとよいでしょう。あなたが本質になっていくなかで、そうしたものは自然に離れ、落ちていく存在なのである、と。そして、あなたに真に調和と愛を与えてくれる、すべてを創造する源の存在になっていくのです。

人は、心とそれがつくり出した偽りのものにしがみついて生きているから、苦しいのです。そしてそれを全部浄化して、空っぽになると、どれだけ生きていくことが楽になることでしょうか。

呼吸で生命エネルギーを取り入れ、心の毒素を捨てる

ここで、心のなかのガラクタや垢を、ゴミとして捨てる方法を一つご紹介しましょう。

欲望のままに取り入れてしまった心の毒素も、気づきによって捨てることができます。ヒマラヤ秘法にはそのための浄《きよ》めがいろいろとありますが、なかでも、呼吸は効果的に浄めることができるすばらしいツールです。

ここでご紹介する呼吸法は、簡単で安全なものの一つですが、心をこめて行えば絶大な浄化の効果があります。この呼吸法によって、エネルギーを浄め、バランスをとり、心をコントロールできるようになります。

ちなみに、呼吸をして、息をスーッと吸うのは生命エネルギーを取り入れているのです。ハーッと吐くのは、毒素を吐いているのです。

もっとも、毒素をたくさん出したいからといって、吐く方ばかりを懸命にやると、また病気になってしまうかもしれないので注意が必要です。ここでも大切なのはバランスです。取り入れることも同じようにしなければいけません。

■生命エネルギーを取り入れ、心の平静を得る呼吸法

楽な座り方

床に両足を投げ出して座ります。

左足の膝から下を内に曲げます。

次に右足の膝から下を内に曲げます。

背筋を伸ばします。
※股関節の硬い人はお尻の下にクッションを置くとよいでしょう。この姿勢が不安定な人は、安定した椅子に座ってもかまいません。ただし背筋を伸ばします。

毒素を吐き出すつもりで、息を、口からハーッと吐き出します。

体の毒素や、心に蓄積された、たくさんのガラクタや垢を捨て去ります。

おなかをすぼめる気持ちで、胸の空気も全部吐きます。

次に、鼻からゆっくりと深く、息を吸い込みます。

宇宙の生命エネルギーであるプラーナをたくさん吸います。

それを三十回行います。

その後、自然な呼吸を行います。その自分の呼吸の流れを、意識でじっと見つめていきます。

それを五分間くらい行います。


病人を観察すると、吐く息に力が入りすぎている人もいれば、吸ってばかりいる人、吐けない人、吐くばかりで吸えない人がいます。みなバランスが悪いのです。

じつは吐くということはアパーナといい、死です。そのエネルギーはものを外に運び、クリーニングするのです。吸うということはプラーナであり、生命エネルギーをサポートするエネルギーです。

そうした二つのエネルギーが、常にバランスよくとれている真ん中があり、それが「中庸」なのです。それが調和であり、ヨガです。従って、瀕死の病人がいたら、そのときの呼吸を観察し、呼吸を変えてバランスを整えることによって、その人を回復させることも可能です。

人体には七つのチャクラというエネルギーのセンターがあります。それらは尾骨、仙骨、みぞおち、胸、喉、眉間、頭頂部に存在します。

このチャクラは、神経叢《そう》やホルモン中枢と一致しています。そこに生命エネルギーである「プラーナ」が不足していると働きが弱くなり、正しく活動できません。まず呼吸を整え、チャクラを浄めることによって、それらのエネルギーをいっそう浄め、目覚めさせることができるのです。

呼吸は心の状態を表わしていて、生命エネルギーは自己（本当の自分）から発生するものであり、心にそのエネルギーが供給されているのです。心のコントロールはこの生命エネルギーによってできるのです。

手放すことが幸せのコツ

体が弱くなり、吸ったまま吐けなくなったら、生命が危うくなります。食べるばかりで適度に排泄をしないと、便秘となってやはり病気の原因になります。新しいものを買ったら何かを捨てないと、家が物で溢れてしまいます。

何事においても、入れたら出すというのは自然な流れです。何かを手に入れたまま捨てることをしないというのは、自分の中で混乱をきたしている証拠です。

確かに、私たちは何かを失うと、つらく悲しいものです。ましてや、自分の意志とは関係なく、お金や物を失ったり、健康を害したりすることには耐えられません。

でも、こう考えてみればいかがでしょうか。自分の財布をなくしたときにも、それを拾ってくれた人の役に立つだろうと。そのように、心をスパッと切り替えるのです。そう考えることができれば、執着から離れて心安らかに生きることができます。

もちろん、誰もがすぐにそうした心境になるのは難しいことでしょう。そこで、ふだんから執着を離れることに慣れるためには、気づきを進めるとともに、まわりの行為をジャッジせず（裁かず）、とらわれることなく、無執着で良いエネルギーを出していくことです。さらには喜捨の習慣をつけることと善行を進めていきます。つまり、差し出す練習、愛を与える練習をするのです。

親しい間柄である友達であっても、欲の心でつきあっていると、じきに不信感が生じて、しまいには喧嘩になってしまいます。

でも、そこで大きな広い心になり、友達に見返りを期待せずに、ただ愛と感謝と友情を与えていくようにするのです。そうすると、いつかどこかから、見返りのようなものが自然に回ってくるようになります。そうなると、生きていくことが大変に楽になるはずです。

お金についても同じこと。お金に執着するから、お金に恵まれないのです。執着を離れ、お金を手放し、周囲に感謝をもって施しをしていけば、おのずと金回りもよくなるものなのです。

もっとも、こうしたことを聞いて、すぐ実践できるのは素直な良い人に限られるかもしれません。自分勝手な人は、なかなか納得できないでしょう。でも、そうした人も、ヒマラヤ秘教の深い真理のしくみを自ら体験していくことによって、自然と理解できていくのです。

クリエイティブに再出発する

テレビや新聞の報道を見ていると、世界のあちこちで洪水が起きたというニュースをよく目にします。水のエネルギーは恐ろしいほどの威力をもっており、何もかもが流されてしまいます。

確かに、洪水が起きることは、被害にあった方には悲しいことでしょう。しかし、大きな自然の立場から見れば、それによってバランスをとっているのも事実です。水のエネルギーにはすべてをきれいにする、大きな力があります。洪水によって、すべてを洗い流し、浄化しているのです。

人間は人間のカルマ（欲望）によって、自然を破壊し、人工的な自然をつくり、利用してきたのですが、こうしたことに対しても、大きな自然は常にバランスをとろうとしているのです。それが天候の異変や洪水などとして現れていることもあるのです。

これは人間社会への自然からの警告です。欲望を満足させるための思いやりのない行為、自然を破壊する生き方から、今こそすべての人が、気づきの生き方をしていく必要があるのです。自己の内側の平和への道は、環境を変えていく力になっていくのです。

もちろん当事者にとって、失うことの苦しみは、はなはだしいものと推察できます。しかし、こうした災難を受け入れ、新しく出直すためのものと受け止める、大きな切り替えの心もまた必要です。残酷な話かもしれませんが、洪水という出来事も、心を省みる機会であり、心の執着を振り払うための、良いチャンスと考えることができます。

古いものに執着していると、なかなか次には進めません。ピンチをチャンスと受け止め、クリエイティブに再出発しようとする覚悟が大切です。

これは、会社勤めでも同じことがいえます。勤めている会社が倒産すると、絶望してしまう人が多いようですが、そうではありません。それは自分が再出発するためのチャンスだと受け止めてほしいのです。そう考えていくと、行く手に光明が見えてくるに違いありません。

災難とは、大きなものを手にするための小さな痛手なのです。

今日から食べるものがないとわかったら、あなたはどう感じるでしょうか。ほとんどの人は、それこそ絶望の淵に落ち込んでしまうことでしょう。

でも、ヨギ（ヨガの修行者）ならば、けっして落ち込むことはありません。そんなときには、内臓の休息をいただいた、これで体質が改善できて若返るチャンスであると、切り替えて考えるのです。

しかし普通の人は、何日も食べないと死んでしまうという思い込みがあるために、精神的恐怖でパニックになってしまいます。そして、心の不安によって自分自身で毒素を発生し、その毒が全身にまわって衰弱してしまうのです。

平和な心で感謝することができれば、災難もチャンスに変わり、毒ではなく薬が生じます。

変化のときこそ、ありがたい機会

病気もまた、自分を見つめ直す良い機会です。

多くの場合、病気をわずらっている人は、それまでがんばって生きてきた人が多いのです。おそらく、体や心からは「このままじゃ危ない」というメッセージが発せられていたのですが、それを感じる力が乏しかったのでしょう。そのまま、がんばり続けたために、体が限界に達して病気になってしまったのです。

しかし、私たちは、病気のときほど学ぶことが多くあります。例えば、後で述べるように、私たちは本当の根源（神）からパワーと知恵をいただいており、感謝と愛をもつことによって、さまざまな問題を解決することができるのですが、病気というのはそういうことを学ぶ、ありがたい機会なのです。それをきっかけに、自分は誰であるのかということに気づくこともできます。

災難というのは、まさに変化のときであって、考えようによっては、ありがたい機会なのです。ですから、病気になったら無闇に不安がらずに、ひとつのバランスをとるための変化であると理解し、それをいったん感謝をもって受け入れるのです。

ところが、ただでさえ先行きを心配するような人は、病気になるとますます不安を増幅させてしまいます。そうなると、その心の否定のエネルギーが加わり、病気がよくならないだけでなく、生命力を弱めて、病気を進行させてしまうのです。

ですから、病気になったときの大切な心構えは、むしろ感謝をすることです。もちろん、医学上の適切な検査をし、現状を正しく知って、それに対する対処はしなくてはいけません。

私はこんな病気をしていて駄目だなどと、否定的に思わないこと。人と比較しないこと。また、いつまでに治さなければ、といった欲の心を捨てることです。病気が長引いている人は、往々にしてそうした心に振り回されていることが多いものです。それでは、けっして病気は治りません。

ヒマラヤ秘教の教えは、体、感覚、心を浄化してバランスをとり、根源から修復できる実践の教えです。サマディヨギは神と一体となり、そのアヌグラハはすべてを癒していく力となります。不自然なものは落とされ、本来のバランスのとれた状態に戻るのです。そこに癒しの奇跡が起きるのです。

あなたは治そう、治そうと、焦ることなく、やたらに心配することなく、すべてに感謝し、真理に則った生き方をしていくとよいのです。あなたは学びの機会をいただいたのです。病気と共存共栄し、やがて、生命力を高め、それを乗り越えていくことです。そして、本当の自分になっていくのです。そこには病気はありません。

悩んでいるときこそ学びのチャンスである

変化するチャンスは、災害や病気だけではありません。会社や日常生活における人間関係の悩みもまた、自分を見つめて知り、変化する良い機会となります。

ある女性から、こんな相談を受けたことがあります。彼女は、後輩に対する嫉妬心と、上司のやり方への不満が、どうしても消えなくて苦しんでいるというのです。

「私は、これまで業績も上げてきました。後輩の女性よりずっとできるのに、上司は彼女だけにチャンスを与えるものだから、もう悔しくてたまりません。私はどうしたらよいのでしょうか」

こんなときは、相手を責める思いで見るのではなく、自分の内側に何があるのかを見るとよいのです。そうすると、自分の中には愛か感謝か、理解か知恵が不足しているのではないか、と気づいていくはずです。

そうした、えこひいきや不当な評価による悩みというのは、会社勤めでよく起きるものですが、それもまた災害や病気と同じく、変化のための良いチャンスです。ただ悩むのではなく、自分を振り返る機会であり、学びのチャンスが来たと感謝できるとよいのです。

そのとき、相手を羨ましがったり妬んだりすると、不快な波動が生じ、相手に対して心地よくなく、自分もまた心地よくありません。心というものは、同じ性質のものが引き合い、また違う性質のものは反発し合います。ですから、自分が相手を嫌いだと思うと、向こうも自分を嫌いだと思うようになるのです。

でも、それでは自分の心は、低い意識のままになってしまいます。それを乗り越えるためにも、もっと自分を信じることが大切です。相手の成長を褒めたたえ、自分自身が今やるべきことを行えば、自分も成長していきます。やがて、上司もあなたの行動を評価していくことでしょう。

つらい環境にあることをむしろ感謝する

こうして見ていけば、病気も争いも、事故も災難も、肉親や友人との離別も、あるいは会社の倒産や事業の失敗も、すべてが不幸と見えて、じつは学びだということがおわかりになるでしょう。自分にとって都合の悪いことが起きても、すべて学びなのです。

私たちに与えられた試練とは、すべて自分が変化して浄化するための学びであり、なんら悪いことではありません。これまで無理をしていたり、心の底では嫌々やっていたのではないかと気づく、その絶好の機会なのです。それは自然からの警告であるのです。

逆に、もし、人生が安楽で快適なことばかりだとしたら、どうでしょうか。そこに安住してしまい、人間としての成長がありません。嫌な体験や辛い体験があるからこそ、それをしっかりと見つめることができるのです。

あなたのまわりが気持ちのよい人ばかりだと、自分のことが見えません。自分と違う考えの人や苦手な人、厳しい状況に出会うと、ふだんの状況では出てこない陰の部分（あとで詳しく説明しますが、これを「カルマ」といいます）が浮き出されます。そうした体験を自らすることで、心を浄化していくことができるのです。

もしあなたが現在、針のむしろに座っているようなつらい環境にいたら、それを嘆くのではなくて、どうぞそのことに感謝してください。

そして、それを見つめることが大切です。つらさを感じているのは誰なのか、それはあなたなのか、心なのかを見つめます。また、心はあなたなのか、心とは何なのかを見つめます。周囲の環境に反応する心は、あなたの中に陰の部分として、もともと存在しているはずです。そのことに気づいていくのです。

あなたは、見る人になるのです。見ることをサンスクリット語でドラスタといいます。それになることをバワといいます。気づきを深める、つまり悟りとはドラスタ・バワを行うことです。

この気づきによって、あなたは本当の自分を知ることができ、つらさから解放されることでしょう。そして、あなたには新しい大きな道が開けてくるのです。

愛をもって否定的な思いを浄化する

世の中には、理不尽なことを言う人がいるものです。相手の気持ちなどさらさら考えずに、意地の悪いことを言い放つ人が、あなたのまわりにも一人や二人はいるのではないでしょうか。

そうした言動を受けても、あなたはけっして自分が被害者であるとは思わないことです。「おそらくあの人は、以前誰かに意地悪をされたことがあるから、同じことを別の人にやっているのだろう」と思えばよいのです。

言い返してやろう、相手を傷つけよう、などという否定的な意識の回路を使うのではなく、大きな愛と許しを選択していくのです。それが慈愛というものです。たとえ小さなことであっても、慈愛を実践できたならば、あなたの人生は大きく変わっていくことでしょう。

それをきっかけに自分を見つめ、自分を信頼することができるようにしていくのです。いじめられても、そのいじめた人をけっして恨まないことです。

とはいえ、こんなことを言っても、すぐには実践できない人が多いことでしょう。

「それじゃ、私ばかりが損するじゃない。なんで、私だけが許さなければならないの。売られた喧嘩は買わなくちゃ！」

そう考えるのは、まさに損得の心があるからです。損得を考えているうちは、進化することはできません。「腹立たしい！」と一瞬思っても、そういう思いを放っておくことです。

その代わり、いじめている人に自信と愛をもって、しっかりと対面していくのです。あなたが相手に反応を起こさせてしまっているのは、自分の無意識な態度なのかもしれません。その状況を学びとして受け取り、感謝し、そして許していくのです。

人は深いところでつながっています。あなたの相手への許しの慈愛は、相手の深いところに伝えられ、何かが変化しはじめます。自分が変わり、相手も変わるのです。

あなたの苦しみは、愛が癒していきます。自分を愛することで、自分の中の否定的な思いは浄化され、相手への理解と愛が発達していきます。

くれぐれも愛を忘れないようにして、まわりの人を許し、不足を見つけないようにすることを心がけてください。

また、病気の人は、早くよくなりたいという焦りの気持ちから、つい不平や不足を口にしますが、そうなると一種の毒素が出てしまって、治りも悪くなります。逆に、これだけよくなった、ありがたいという深い感謝の気持ちをもっていると、早く治りやすいのです。

多くの人は、お金が足りないとか、家族のやさしさが足りないといったように、ついつい、足りないところに目がいきますが、それよりも、今日はこんな素晴らしい日でよかった、毎日を無事に、健康で送れてありがたい、と思うことです。

私たちは目に見えるものだけをありがたがりますが、本当は目に見えない、たくさんの恩恵をいただいているからこそ、ありがたいのです。

第3章

すべての結果は、あなたの心が作り出している

――望めば、すべて叶えられる

無意味なルールには縛られない

社会には、常識といわれるルール、習慣があります。たとえばご飯を一日に三度食べなくてはならない、毎日八時間寝なくてはならないというのも、そんなこだわりのルールの典型といってよいでしょう。

本来ならば、自然の直観に従って、自分の食べたいときに食べ、寝たいときに、どれだけでも寝るのが、あるべき姿です。

おそらく、そうすると、食べたい時に食べすぎたり、だらだらと寝すぎる恐れがあるので、規則正しくしたほうがよいと言われるようになったのでしょう。でも、いったんそうしたルールが出来上がってしまうと、こんどはそのルールが絶対的なものになって、誰もががんじがらめに縛られてしまいます。

そもそも、ご飯を一日三度食べなければ健康的ではないといいますが、それは本当でしょうか。江戸時代まではみな二食が当然でした。確かに、三食になって栄養がいきわたるようになったかもしれませんが、逆に今ではそれでカロリーオーバーとなる人が多く、さまざまな病気のもととなっています。

現代の日本では、これをしなければならない、あれをやらないと世の中の流れに遅れてしまうと私たちに思い込ませていることが、あまりにも多くあります。よく考えてみれば、本当のところは不必要な物事ばかりであるにもかかわらず、それを信じ込んで、みんなが忙しくしているのではないでしょうか。

朝シャンなどという習慣は、その代表例ではないかと思います。毎朝、シャワーでシャンプーをしなければ気持ち悪い、という人がいますが、それは思い込みに過ぎません。江戸時代にはシャワーなどなかったので、そんなことは誰もしませんでした。いや、つい二、三十年前まで、そんなことをしている人はほとんどいなかったのです。もちろん、生活の変化によって、習慣も変わってきます。今は物が溢れ、便利な世の中になった分、逆にやらなければいけないことが増大してしまったのです。

こうした常識の無意味なルールに縛られていると、あれもやらなくては、これもやらなくてはと常に追い立てられている気分になり、時間がないと言い訳をします。社会や日常生活に振り回され、やらねばならない優先順位の中で、本質的なことがかき消されるのです。それでは、自分を見つめる時間が持てないばかりか、常に心があわただしい状態になってしまうのです。無意味なルールには心をとらわれないことが大切です。

生きることが楽になるコツ

もちろんルールがある以上は、過ちを犯さないで、規則正しくしていくことも大切です。でも、きちょうめんに、その約束事を守ろうとするあまり、神経質になって、不自由になっている人が多いこともまた事実です。さまざまな不必要な物事に翻弄され、シンプルに生きることができなくなっているのです。

健康やダイエットや腹八分にこだわっている人は、その典型といってよいでしょう。ちょっと食べ過ぎたり、思わず間食をしただけで、自己嫌悪に陥ってしまいますが、それでは本末転倒です。そうではなく、さまざまなとらわれを捨て、あるがままの自分の姿を認めていくことが大切です。

ヒマラヤ秘教によって気づきを深めていくと、心のとらわれがなくなり、何が本当に必要なのかがわかってきます。冷静に考えてみれば、なくても構わないものに、私たちがどれだけ囲まれているか、ということを知り、茫然とするに違いありません。ところが、そうしたものを抱え込んだまま、捨てることもできずに苦しんでいるということさえ認識していないのです。

あまりにも、私たちの生活は複雑になりすぎているのではないでしょうか。台所用品一つとってみても、この料理にはこの皿、このなべ、この包丁と、料理ごとに何種類もの似たような物が用意されています。そのために、台所は物で溢れてしまい、片付けるのも大変になっています。

でも、もしかしたら、台所のお皿は一種類、なべもひとつでまかなえるのではありませんか。便利な調理器具を買っても、使いこなす前に無用の長物になるのが関の山です。腕がよければ包丁一本でたいていのことはできますし、スペースもとりません。

もちろん、これは料理だけでなく、万事に通じていく発想です。こうした考え方ができるようになれば、よけいなものに振り回されることなく、シンプルな生活を楽に生きることができるでしょう。

心は私ではない、と知ろう

私たちの大多数は、自分とは体であり、自分は心であると思っています。自分と体、それらの陰に隠れ、その奥には魂があるということを信じていません。

西洋においても、つい最近まで、フロイトやユングの説に基づく、意識（コンシャスネス）と潜在意識（サブ・コンシャスネス）については活発に語られてきましたが、意識を超えた魂であるセルフ・コンシャスネス、さらには神であるスーパー・コンシャスネスという概念がわかってきたのは、つい最近のことです。

心と体を浄め、曇りを取り除いていき、本当の自分は誰なのかという気づきを深めていきます。そうして、曇りが取り除かれ、本当の私が現れ、体も心も、本当の私ではないことに気づくのです。私たちの本体は心ではなく、心よりもっとパワフルなものであり、その本当の自分とは神の分身であると気づくのです。それを体験的に本当に知ることができれば、心の暗闇に引きずられることなく、大きな愛の人になっていくのです。

ところが、私たちの、長い心との付き合いで、心は我が物顔にのさばってしまい、あなたを翻弄しています。

あなたを惑わしているのは、家族や知人といった外側の人ではなくて、自分の心にほかなりません。それゆえ、自分を信じ、真理を信じ、さらに心を観察し、そして心を純粋になるまで磨きあげて、純粋意識になっていくことが必要なのです。そして心にとらわれない人、放っておける人になっていくことです。

心も体も含め、すべての物事がたえず変化しています。だからこそ、生きていることは苦しく、同時にまた、楽しくて、喜びに満ち溢れているのです。

同じ失敗を何度も繰り返すわけ

心のエネルギーというのはとても強く、磁石のように、さまざまなものを招き寄せます。心にあるこだわりを取り除こうと思っても、その執着は強く、同じ思いを繰り返します。

自分の中に、そうしたこだわりに関する体験の記憶があると、たとえそれが体や心を傷つけるようなことであっても、似たような状況に陥ると、そのエネルギーが刺激され、同じことの繰り返しとなってしまうのです。言い換えれば、過去のさまざまなエネルギーが、今のあなたの行動や思考を支配しているといってよいでしょう。

嫌な上役がいるからといって転職し、次の会社でもっと苦手な上役のもとで働くはめになったりするのは、そのためです。

また、結婚相手と喧嘩が絶えなくて離婚し、今度こそは大丈夫だと思える人が見つかって結婚をしても、やがてその相手とも激しいいさかいが続くようになるというのも、そうした理由です。同じように、隣人などの嫌がらせを受けて、周囲の環境が悪いからといって引っ越しをしても、また同じような状況を迎えてしまうこともあります。

それゆえ、自分とまわりとの関係や、すべてのいろいろな対象に対して、無心で行動することが求められます。嫌いもせず、執着もせず、大きな愛をもって見つめることが、何よりも肝心なのです。

もしあなたの前に、いやな人、失礼な人、無礼な人などが現れてきたら、相手に理想を求めたり、ジャッジするのではなく、「あの人は自己防衛のために、あんな態度をとっているのだ。きっと大変なんだろう。皆一生懸命生きているのだ。ご苦労さん」と思えばよいのです。

本当の自分になっていくプロセスで心を浄化して、自分が変わり、そうした場合にも、常にとらわれない心でいられるでしょう。

不幸や災難も心が引き寄せる

アウェアネスを行い（内側を見る）、自分の内側に何が起きているのかがわかると、一つの事実に気がつきます。それは、私たちの内側にある思いがすべて、形になって外に現れているということです。

病気になったり、事故や災難に遭ったり、親しい人と仲たがいをしたり、勤めていた会社が倒産するという事態が起きると、私たちはそれらが外からやってくるように感じます。しかし、そうした現象を引き寄せているのは、あなた自身なのです。

これが「カルマ」といわれるものです。

カルマは業《ごう》ともいい、その中で善業、悪業といわれるように、さまざまなカルマがあります。生まれてからずっと続けている行為の結果の記憶が引き起こすカルマがあります。さらに生まれる前からの行為の記憶から引き起こされるカルマもあります。その人の実際の行為、思いと言動の行為のことです。そのカルマの結果は記憶となり、次のカルマの原因となるのです。

カルマには、似たものどうしが引き合う性質があります。あなたが心の奥に憎しみを持っていたら、憎しみにかかわるものを次々と呼び寄せてしまいます。

心深くに恐れを持っていたら、物事のすべてを誤解し、そのように見て、恐ろしいものを引き寄せて一種のパニックを起こしてしまうでしょう。急激にアドレナリンのようなホルモンが分泌されて、自己防衛本能で自分を守ろうとします。その結果、いわゆる「キレる」という現象もおきかねないのです。

カルマにはこうした性質があるので、あなたの中のカルマを浄め、良い行いをし、良い思いをもって発していくことが欠かせません。それができれば、自然と良いものが引き寄せられ、良い現象が起きていくわけです。

すべての人がカルマを浄めることこそが、クオリティの高い人になっていくための、人生の中で最も大切な行為といっても過言ではありません。

人は気づきがないとカルマに翻弄されています。カルマの現れ方は人によって違います。頭にくる人、胃にくる人、血圧が高くなる人、神経にくる人、感情にくる人、子宮にくる人、腰が痛くなる人、などさまざま。人によって現れ方が違うのです。

厄介なのは、心がいったんカルマによって癖を持つと、たとえそれが心や体を傷つけることであっても、すぐにまた同じことをしてしまうことです。それが、持病のもととなったり、不幸や災難を繰り返し招きよせる原因となってしまいます。

そうした心に翻弄されないためには、その心の働きのもととなるすべてのカルマの記憶と、その結果を、ヒマラヤ秘教により積極的に浄めることが大切です。なかでもアウェアネスは、そうしたカルマを自分から切り離して、自分自身に還っていく最適の修行といってよいでしょう。

原因を人のせいにする心の癖

私たちは、自分の欠点や過ちを、他人のせいにする心の癖を持っています。

自分が苦しんでいるのは、親が悪いから、学校が悪いから、あるいは社会が悪いから、会社が悪いから、あの人がこんなひどいことを言ったからというように、外側が原因となって自分は苦しめられていると思い、さまざまな非難をします。

しかし、本当は何が苦しいのか、苦しみとは何なのか、その苦しみを何がつくりだしているのかと追求していくと、けっして誰かほかの人が自分を苦しめているのではないことに気づきます。

あなたの今ある姿は、ことごとくすべて、あなたの心が作り出した作品なのです。欠点や過ちがあっても、それは「自業自得」。外に向かって不平を言っても詮方ないことです。

じつは、すべての原因が自分の内にあるということは、多くの人がうすうすわかっているのですが、原因を人のせい、外のせいにすることをやめられません。

その一つの理由は、無知によって深いところが見えないことであり、もう一つの理由は、そのほうが楽だからです。責任を他に向けることによってバランスをとり、自分を守っているのです。

あなたがすべきことは、そうした心をチューニングして、心に良い癖をつけること、つまり心を変容させることです。それによって、あなたは調和のとれた人間になれます。それは本当の自分になる道、菩薩になる道であり、仏陀になる道、神になる道です。

それができれば、まわりがどういう状況であっても、相手を救い、人を許して愛していくことができるでしょう。

それにはやはり、真理をわかっていく必要があります。自分を信頼せず、バランスがとれていない人と触れ合うと、相手のカルマの影響を常に受けるのです。そして善意のカルマから相手をよくしてあげようと思っても、それはエゴのレベルであり、逆に相手のエゴを引き出し、それに巻き込まれて、相手の毒に負けてしまう恐れもあるのです。

心が変われば、おのずとまわりも変わってくる

私たちの意識は、いつも外に向いているために、外に対する感覚が発達しすぎて、外側の世界を現実だと思って生きています。しかし、外側の世界を創りだしているもとは、内側にあることを忘れてはなりません。そう、私たちの心が、すべての行動を創りだしているのです。

従って、心を見ることによって、自分はなぜ、こういう行動をとったのかということがわかるわけです。そして、心を浄化したり、深い気づきを行うことで、とらわれない状態が外に表れます。

もっとも、その心が雑多な考えと一体となったり、不満や怒りや憎しみの感情と一体となったりしていても、私たちはそのことにはっきりと気づいていません。

ですから、自分の心が変容しないうちは、外側をいくら変えようとしても、なにも変わらないのです。しかし、自分の心が変われば、外側も変わります。自分の内側が変われば相手も変わっていき、周囲の環境が変わっていきます。あなたが変わりさえすれば、あなたを取り巻く事態が、劇的にパッと変わることもあるのです。

先日、私が、心を浄化するディクシャのイニシエーションを与え、心を浄める音の波動の瞑想秘法を与えた方が、喜びの感想を送ってきてくれました。

「おかげさまで、思わぬ方向で家族が話し合う機会が生まれました。子供の時から四十歳までずっと嫌っていた父親と、とくに計画したわけではないのに、話をすることができたのです。私がお嫁に行ってから初めての会話でしたが、自然に話すことができました。その結果、父は、兄弟の出産祝いのための小旅行を、私たち家族と一緒にすることになったのです。父も私も涙を流し、理解が深まり、家族が一つになりました」

それまで父親への思い込みによって、頑なだった心が、ヒマラヤ秘教のディクシャと瞑想の実践で変わることができ、自然に導かれた状況なのです。

心が純粋になり、自然と、愛と許しが表れると、まわりを変えようと思わなくても、おのずと相手もまわりも変わっていくのです。そうすれば、人間関係がよくなっていくのは、ある意味で当然なことと言えるでしょう。

心の思いは、欲望や記憶から引き出されたり、カルマから引き出されます。そして、さまざまな思い込みの心が、ヒマラヤ秘教の修行で変容し、やがて心を超越して、本当の自己になり、とらわれることが完全になくなるのです。

心の変容とは、そのように根本的に変わるということを意味しています。心の超越とは、完全にジャンプして、向こう岸に行き、完全に自由を得るということです。

頭はないものと思う

真理を知るためには、頭脳はないと思ったほうがよいかもしれません。なぜなら、頭が働きすぎると、とかく、よけいなことに悩んだり、苦しんだりするからです。

私は学生時代、「Use your brain（ユーズ・ユア・ブレイン）」と英語で習い、頭を使いなさい、頭を使えば利口になるという説明を受け、なるほどと思ったものです。きちんと使わないと頭が悪くなってしまうと思っていたのです。

確かに、スピリチュアルな世界では、「真理を知れば、もっと利口になる」という言い方をしますが、それは世間的な利口ではありません。真理をわがものにすることによって、賢明にも、何事にもとらわれず、自然に物事を深く洞察できるという意味です。心と体のすべての曇りが取り除かれ、すべてが明らかになり、本当の自己が現れ、疑いと混乱が消えるのです。つまり、無駄に頭を使わずに、すべてがわかるのです。

すべての才能を開花させ、頭や心を浄めて、空っぽになっていくことが大切です。さらには本当の自己になっていくのです。とはいえ、私たちとしては、頭を使わない状態が長く続くのは、不安でしかたがありません。頭は使って進化させるものという思い込みがありますから、なかなか受け入れられないのです。

でも、頭のスイッチを切るということは、どんなに素晴らしいことでしょうか。頭を進化させ、生まれ変わるためには、いったん消し去り、深くリラックスするのです。頭を使わないようにすれば、すべての曇りが消え、クリアになり、生命エネルギーは溜まっていきます。そして、直感によってすべてが明らかに、すみやかに創造されるのです。

ところが、現実には心が混乱し、使っていないと思うときでさえ無駄に心や頭を使っていて、生命エネルギーが漏れて消耗してしまっているのです。

それゆえヨガでは、エネルギーを供給せず、コントロールしたりします。また、それが漏れないようにと、心をコントロールし、鼻の穴も、耳の穴も、お尻の穴も、穴という穴は全部塞ぐという修行があるほどです。もっとも、それはかなり高度なレベルであって、最初のうちはむしろ穴から悪いものを出して、浄めることが大切です。

心を無にし、エゴのすべてを落とす

さきほど、本当の自分とは神の分身であると書きました。私たちは、根源の存在である神の愛と知恵とパワーを受け止め、楽に生きることができます。さらには神と一体となること、つまり神そのものになることで、悟ることができるのです。

そのことが起きるためには、心身の内側を浄め美しくして、さらには無にして、エゴのすべてを落とすことです。そして頭で考えるのではなく、エネルギーの法則を実感し、気づくことによって、とらわれずに生きるのです。

私たち人間は、根源（神）から生まれた愛と知恵とパワーによって生かされているのですが、おごりの心によって、そのつながりが弱くなっているのが現代という時代です。本当の自分、さらには根源の存在を忘れて、多くの人は社会や人生に文句ばかりつけています。

そうした姿勢を改めて、本当の自分、さらには根源の存在に意識を向け、そして素直に頭《こうべ》をたれて感謝の気持ちを捧げることが大切です。あなたに帰依します、私のエゴをちょっと休めます、と言うとよいのです。すると、あたかも川の流れのように、上から下へエネルギーが降り注いできて、あなたの心と肉体を癒すことでしょう。

疑いの心を持ったり、自己中心的な主張をしていると、そうした愛や知恵やパワーは入ってきません。また、あなたに思い込みや欲望があると、取り逃がしてしまいます。自分のことでいっぱいになっているため、そうしたエネルギーの流れを感じることができないからです。

望めば、すべてが叶えられる

神というと、これまでは信仰の対象としてとらえられてきました。昔から、「神様、神様」とあがめることで、そこから力を得てきたわけです。

しかし、私たちが今、真理とは何かということを突き詰め、本当の自分は誰なのかを見つめていくと、いつしか心や体を知りつくし、それを超え、ただあるというところに戻っていきます。それは本当の自分になることです。なぜなら、私たちは宇宙の中の小宇宙であり、そこにはすべてがあるからです。それは、小宇宙を表わす源の存在に溯っていくことです。

それが本当の自分であり、あなたは神の分身になるのです。信頼をもってそれに向かい、すべての存在に生命を与える、源の存在としての神を、実際に体験するのです。

第2章の呼吸法で紹介したプラーナという生命エネルギーも、根源である神から生まれたものなのです。神になると、それまでは、いくら努力しても叶えられなかった望みが、すべて叶うのです。神はすべてを創り出す存在です。また、本当の自分になるプロセスで、そこに強くつながり、そこから多くのパワーを得るにつれて、願いは叶えられていきます。

そして神になるということは、心と体を浄化して超えることなので、無限の可能性を手に入れるとともに、すべての欲望が消え去るのです。神になるということは海になることです。そこでは川はもう意味がなくなるのです。川は海に流れ、一体となるからです。

神といえば、これまでは遠くの存在として仰ぎ見ていたのですが、それがヒマラヤ秘教の教えによってベールが解かれました。いろいろなヨガや信仰など、どんな方法をもってしても何生も何生もかかる、自分が本当の自分になる道、さらには神になる道が、内なる秘密の生命科学として安全に実践でき、最速でそこに到達できるのです。

そこには、知恵とパワーと愛がある

人間関係においても、社会生活においても、とらわれの心が働いてしまうと、よけいな考えがじゃまをして、良いものが逃げてしまいます。

ところが、無心になることができれば、洞察力が深まり、大切なことが理解できるようになるため、ビジネスでも日常生活でも、チャンスを生かして成功する可能性が高まります。それまでは、いくら知識や技術があっても宝の持ち腐れだったのが、良い方向に十分に生かし切れるようになるのです。

無心になる、つまり心のガラクタが一掃され、そこに空間ができると、根源である神から知恵とパワーをいただけるようになり、学んでいることはすぐに上達するからです。エネルギーを正しく集めることができ、理解力が増し、知識や技能は効率よく習得できるようになります。さらに、クリエイティブな、創造的な能力も発達します。

こうしたエネルギーの法則を知り、無償の愛でつながり、存在の源泉に対する信頼を持つと、無限のパワーと出会うことができます。あなたは正しい方向に導かれ、才能が発揮でき、生命力が強まることでしょう。すべてがすみやかに成就し、あなたの望んだものがすべて手に入り、夢が叶うようになるわけです。

あなたが心を浄化していけばいくほど、パワーが満ちてきて、願いの実現力が強くなります。そして、現在与えられていることを、誠実に信頼と気づきをもって懸命に進めていけば、必ず良い結果が得られるはずです。

体裁やとらわれ、そして「私」という執着を捨て、いつも無心になり、謙虚になり、無垢の状態にすることを心がけてください。そうすれば、意志の力をもって目標を定め、その方向にエネルギーを向けて、願いを成就することができるのです。さらに、求めることがなければ、自由で楽になり、すべてが手に入るのです。

やがてそれさえも願わず、エネルギーを消耗しないようになります。あなたは本当の自己になり、やがて神と一体になる最高の目的に達することができるのです。

願望を叶える、ヤギャとディクシャとクリエイティブ瞑想

本当の自分になることで、あなたはあなた自身のマスターになります。すると、あなたには計り知れない愛が溢れ、知恵が湧き、不死となり、すべての意味で成功するのです。

その仕組みを明らかにし、それを引き出してくれるのがヒマラヤの教えです。心が空っぽになり、至高なる存在、神と一体になり、ナッシングネス、無になるのです。どんな現象も無である源に到達するのです。無、それはすべての母親であり、幸福と平和、すべての行動の成功のパワーを与えるのです。そこに信頼を寄せ、そこに向かうことで、あなたには思いのままの人生を歩んでいただきたいと思います。

そして、自己の成功を信じ、他への思いやりをもって生きてください。真理に生きるプロセスでは、カルマを昇華するため、願望を叶えるさまざまなレベルがありますが、最高の願望とは「悟り」です。常にそれを忘れないとともに、世の中を良くしたいと願うことで、やがてカルマに沿った自己実現が成就していくのです。それらのプロセスを、気づきをもって生きていくのです。

こうしたことを基準にした上で、すみやかにカルマを終わらせるため、次のことを行うとよいでしょう。

まず願望成就には、ヤギャの祈願というものがあります。それはサマディヨギと呼ばれる聖者

による祈願で、日本の護摩焚きにあたるものです。その火のパワーと宇宙のパワーによって、あなたの願いが叶えられ、成功に導かれます。

また成功のための波動も重要です。それは力強く、あなたを自然に成功に導きます。ディクシャ（イニシエーション）という導師からのサマディ・パワーの伝授の浄めがなされ、それとともに成功のための波動がもたらされます。

さらに、成功のためのクリエイティブ瞑想も効果的です。そこでは、無心の心において、自分がなりたいもの、自分が手に入れたいものをしっかりとイメージします。それは身口意（身体と言葉と思い）という、三位一体となって行うものです。

こうしたプロセスで、あなたの夢を成就していきます。しかしそれらはなお、心の働きです。あなたはさらには心を超え、最高の悟り、ムクシャ、完全なる自由に確実に向かっていくのです。

第4章

私の歩んできた道

——ヒマラヤでの修行、そしてサマディ成就

ヒマラヤの恩恵

神が住むという標高七千、八千メートル級の連峰の続くヒマラヤ。何日車を走らせても、ずっと続く雄大な山々。そこには泰然とそびえる美しい大自然が横たわり、畏敬と恐れを感ぜずにはいられません。見渡す限りの青い空と白い雪と岩と石。四季折々の人智を超えた美しさ。そんな美しいヒマラヤは、空気が薄く、氷河に覆われた寒い土地です。

その中で、人は自分の心と肉体を最大限に発揮して、生きていかなければなりません。現代の便利な世の中と違って、車のないヒマラヤの奥地では、何日間も足を使って歩かなければなりません。

足は本来の丈夫な機能を発揮し、目は遠くの景色を見ることによって癒され、耳もふだん聞かない風の音や川のせせらぎを聞きます。そうした環境においてこそ、自分の内側にある自然の音、すなわちインナー・ナーダ音を耳にすることができ、さらには細やかで目に見えないサトル（微細）の命の音を聞くことができるようになります。その一方で、厳しい寒さにもこたえない不動の人になります。

洞窟に住む聖者も少なくないのですが、ヒマラヤは日本の国土に匹敵するほどの広さがあります。その中の秘境とも言うべき奥地は交通手段もなく、人々が住めない標高四千、五千メートルを越える高さの平原が続いています。瞑想にふさわしい場所や悟りの聖者に会うことは、きわめて困難なことです。

しかし、私は幸運にもヒマラヤの聖者に出会うことができ、サマディを成就させることができました。サマディは一般に三昧と訳されており、時間と空間を超え、本当の自分となり、さらに神と宇宙と一体になるのです。生を超え、死を超え、どこにも行く必要がなく、今にいるのです。自分の命さえもコントロールし、根源に還ることができるのです。ヒマラヤ聖者の恩恵によって、私は実際に究極のサマディを体験し、光明を得ることができました。

子供の頃の思い出

ヒマラヤでの体験をお話しする前に、どのようにして私がヨガに出会い、ヒマラヤ聖者の知恵であるヒマラヤ秘教に触れたのかを、簡単に紹介することにしましょう。

私の子供の頃の日本は、経済的に発達しておらず、履物も下駄でした。傘はありましたが紙の傘です。雨が降ると、道はぬかるんで泥がはね、服が汚れたものでした。

もっとも、誰もがそういうふうでしたから、別にこのことを貧しいと感ずることもなく、のんびりしている時代でした。夏になると、浴衣《ゆかた》姿で縁台で夕涼みしていたり、打ち水をした道をステテコ姿の近所のおじさんが歩きまわったりしていました。

私は幼い頃から精神的に敏感な子だったようです。幼稚園のときに、今でいう、いじめられっ子にやさしくしていました。自分ではとくに、かわいそうな子を助けてあげようという気持ちはなかったのですが、みんなが幸せになってほしいという思いが強くあって、自然と、そういう親切なふるまいをしていたのです。一歳半のとき、父が亡くなっていたので、何かの心の不足を、そうしたところで補っていたのかもしれません。

いろんな家庭の子供たちと遊ぶなか、親が自分の子供しかかわいがらないことを不思議に思っていました。そんな気づきから、漠然と皆への愛を平等にしたいと思いながら、大きくなっていったのです。

小学校三年生のときの出来事です。風速四十五メートルの台風で家の戸が外れてしまったのですが、十四歳離れた兄は消防団に入っており、堤防が決壊するからといって、出かけてしまい、家にいるのは四つ上の姉と七つ上の姉の二人と母と私の、女だけでした。木造の家だったので、家の中に強風が入ってきて、天井や屋根がブワーッと吹き飛んでしまうのではないかと思われました。そのままでは家の中に、それこそ風速四十五メートルの風が直接に吹き込むのです。姉たちは皆オロオロして、どうしようどうしよう、と泣いていました。

そんななか、とっさの判断で、一番年下の私が「ほら、畳上げて、板を持って来て」と頼み、率先してその板を十字にして、金槌で釘を打って戸を塞いだのです。

一同安心することができ、皆に頼もしい、すごいと言われ、勇壮な行為として褒められたのでした。

中学生の時の競歩大会

中学生になると、体操の時間にグループで競技をしますが、私はついていけません。バスケットボールにしても、体力がなければボールを取りっこすることもできませんし、気が強くないと、他人のボールを強引に奪い取ったり、ボールを渡す邪魔をしたりすることができません。このようなスポーツはちょっと苦手でありました。

そんな「運動音痴」の私でしたが、中学一年生の時の全校の競歩大会はよく覚えています。朝の四時にスタートして、甲州の山々を越えて歩き続ける大会です。私は友だちとぺちゃくちゃ喋りながら歩いていたのですが、そのうち友だちも飽きてしまったのか、一人消え、二人消え、いつのまにか周囲に誰もいなくなってしまいました。

大菩薩峠を越え、一人でとぼとぼと歩いていると、途中でおばさんたちが励ましてくれます。そうして、何時間か後に、学校にようやく着いたのです。

みんな先に行ってしまって、私はどん尻だと思っていたら、「一番です」といわれ、びっくりしました。

私はとくに体の鍛錬をしていたわけではなかったのですが、毎日、たとえ道草をくいながらも学校まで歩いて通ったのがよかったのでしょう。

日々の生活の中で足腰が鍛えられていたために、自然に体力がつき、「なせばなる」という結果が得られたわけです。それは私にとって、大きなインパクトのある出来事でした。

あるとき、母に言った言葉

私はことさら熱心に勉強はしないのですが、勉強に苦労をしたことはなく、勉強が好きでした。しかし、父が勉強をしすぎて体を壊したこともあって、母に「女が勉強すると、嫁にいけなくなる」と勉強好きな姉が言われていたのも耳にしていました。そんなこともあって、私は勉強しなさいと言われたこともなく、なんら叱られたこともなく、ただ自然にしていて、ありがたいことに近所の人や親兄弟からは、いい子と褒められ、手のかからない子であったと思います。

そんな私が母に、無理を言ったことが一度だけあります。

「お嫁に行かないから、お金ちょうだい」

本を買うためのお金が欲しかったのですが、ただお金をちょうだいというと怒られてしまうため、こう言ったわけです。

これを言ったときの気分はよく覚えています。言いたいことを言ったので、とてもリラックスして、幸せな気がしたものです。心にたまっている思いをハッキリと口に出すことが、自分を楽にするという真理を知らず知らずのうちに学んだわけです。

この体験が後になって活かされて、心のカタルシス（浄化）のセミナーを開くきっかけにもなりました。

ヨガとの出会い

高校生になって初めての夏休み、本格的な料理の研究に熱心に励んだ後のこと、顔じゅうが発疹に覆われたのです。当時はひずみを受けやすい状況でしたので、悪いものが一気に噴き出てきたのでしょう。それがきっかけで、当時まだ珍しい自然食を研究したり、さらには断食道場に行って修行したりしました。

それ以来、健康法に興味を持って、さまざまな本を読んでいくうちに、ヨガというものに出会い、心と体の勉強に専念することになります。

私の大学時代は、学生運動が盛んな時期で、学園閉鎖もしょっちゅうありましたが、その間も含め、ずっとヨガを深く探究していきました。

ヨガの最大の魅力は、筋肉トレーニングやスポーツと違い、体力を消耗せず、元気になるという点にありました。ヨガは、神秘的な動きによって体全体のバランスをとるもので、体のゆがみを自然に取り除き、胃や腸などの内臓にもたいへん効果があるのです。

相手とのペースや駆け引きの必要なスポーツは、体力のない私には難しいのですが、ヨガはマイペースででき、気持ちが良いので、好きになることができたのです。

ただし、難しいポーズは大変でした。たとえば、ヨガの有名なポーズの一つに、お尻を落として両足を前に投げ出し、全身を亀の形にしていくカメのポーズ（クールマ・アーサナ）というのがあります。これは、体の柔らかい知人はすぐにできたのですが、私にとっては最初の頃は難しいポーズでした。

「えー、足を首の後ろに乗せないといけないの」と困り果てたものですが、こつこつと楽しく続けたのです。

そんな楽しいヨガでしたが、成人したあとは、いろいろな苦労が重なったために、あまりコンスタントに行わなくなっていました。

ある日、健康診断に行き、レントゲンを撮ったところ、重症の結核だと診断されてしまいます。確かに咳が止まらなかったのですが、それほど具合が悪くなかったので、気に留めていなかったのです。父は結核で亡くなりましたので、私がその体質を持っていたのかもしれません。

結核には、その進行状況によって一期、二期といったレベルがあるのですが、私はかなり悪いレベルで入院したことを覚えています。

幸いに結核は治りましたが、その後数年間は、自分の体を動かすことはもちろん、呼吸をすることさえ恐怖でいっぱいでした。結核という病気は絶対安静の必要があり、しかも、あまり根をつめてはいけないなど、いろいろな制約がありました。また、体が元気になると、菌も元気になるということで、体を動かすこともこわごわという感じだったのです。

しかし、そうしたタブーを打ち破って、自分を信じて動きだし、再びヨガの神秘のとりこになり、次第に回復し、元気になっていったのです。そしてさらにその学びを本格化していきました。文字通りそれからは、ヨガと共に生きることになっていったのです。

心を深く見つめたとき

ヨガを続けているうちに、私の心にふと芽生えたものがあります。

自分の心とは、いったいどういうものなのか、疑問に思うようになってきたのです。

自分ではいい人間だと思っていましたし、他人と喧嘩をするわけでもなく、小さい頃から、いい子だと褒められてきたので、自分のなかに意地悪な性格などはないと思っていました。

ところが、内側を深く見つめていくと、人をうらやましがる心や、競争に負けると落ち込む心、あれも欲しいこれも欲しいという欲望があることに気がついたのです。

それをとことん見つめていった末に、私は一つの事実を理解することができました。それは、心がすべてを作り出すということです。自分の身にふりかかることすべては、自分の心が作り出しているのだとわかったのです。

よく、他人が悪いとか親が悪いとか環境が悪いとか、人のせいにする人が多いのですが、それを引き起こしているものを深く見つめていくと、すべてが自分のせいなのです。

その後は、単なる健康法としてのヨガだけでなく、哲学であり、宗教であり、生理学であり、心理学でもあるヨガの研究と実践を徹底的に深めていきました。

やがて、請われてカルチャーセンターで教えはじめることになり、私のヨガは「相川ヨガ」と呼ばれるようになります。

人に教えるからには、自分をもっと高めなくてはいけません。ヨガ以外にも、関連するさまざまな学問をすることによって、さらに理解を深め、自分のやっているヨガの素晴らしさの肉付けをしていきました。

さらに、心と体の関係を知るために、各種の健康法や療法、気功、ダンスも学びました。このように私は学びを深めつつ、各地のカルチャーセンターで教えるようになったのです。

そのうちに、ただ教えるだけでなく、みんなに成長してほしいという気持ちから、インストラクターを育てるようにもなりました。

そうなると、私がさらに高いレベルに行かなければ、いくら話をしてもインストラクターの人たちに思いを伝えることができません。道徳的な話をして、感謝が大切だといっても、それを言う自分に虚しさを感ずるようにもなってきました。そこで、私はさらに真理を求め、悟りへの道を突き進んでいったのです。

本当の心のやすらぎを求めて

私は小さい頃から、「なぜ」「なぜ」と質問の多い子供だったのですが、その質問に誰も答えてくれません。そのため、子供のときから偉大な先生が欲しいと思い、その答えを求めてずっと学んできました。しかし、膨大な本を前にして焦るばかりでした。というのも、本の中にはありとあらゆる情報があり、何から手をつけていけばよいかわからない状態であったからです。懸命になって勉強を続けましたが、心に本当の安らぎはおとずれません。

日本式の禅を行ったり、インドに毎年旅をして各地のヨガ道場で瞑想をしたりもしました。確かに、体は丈夫になり、それなりの幸福感を持つことはできました。いろいろなことが自分の思う通りになり、成功も収めました。

しかし、そうした状態の中で、私と共に歩む人々をもっと幸福にするためにはどうしたらよいのか、真のリーダーになるにはどうすればよいのか、みんなを愛することができるようになるにはどういう人間になったらよいのか、と自分に常に問いかけていたのです。

ニューヨークやカリフォルニアや、さらにロンドンなどにもたびたび出かけ、ニューエイジの心理療法や、セラピー（治療法）、ヒーリングなども学んでいました。今それらは日本でもブームになっていますが、二十五年以上前から既にそうしたものを、勇気だけは人一倍あるので、言葉はそれほど通じなくても、アメリカの各地を訪れては、学んでいったのです。

アメリカでは、それこそ、なんでもビジネスにしてしまう、いかにもアメリカらしいスピリチュアル・オンパレードを目の当たりにしました。また、たくさんの研究開発者と同じ数だけの、いろいろな心理療法がありました。しかし、それらをすべて知ろうとしても、大変な混乱を招くのみだということもわかったのです。

私はこうした旅を続け、どこに真理があるのか、そして私たちはいったい誰であるかということを探求していきました。そうしたなかで、とうとうヒマラヤの偉大な聖者と出会うチャンスを得たのです。

ヒマラヤ聖者パイロット・ババジ

一九八四年のこと、ある番組のために、日本のテレビ局がパイロット・ババジ（ババジとは修行者のこと。ババジの「ジ」は敬称）というヒマラヤ聖者を招くというニュースを耳にしました。東京でサマディを行うとのことで、私にもヨガの先生として協力をしてほしいという要請があったのです。サマディとは、前にも書いたように、心身をすべてコントロールし、体を超え、心を超え、神の存在と一体になる修行です。

パイロット・ババジはインド精神世界の最高指導者です。生きる仏陀のように慕われ、公開サマディを行った回数は百八回を越えました。

一九八四年十一月、パイロット・ババジは、日本の人々に真理を証明するために、東京でアンダーグラウンド・サマディを行いました。

地上との接触を一切遮断した地下窟で、四日間深いサマディに入られたのです。そして、神の存在と一体になった後、復活して戻られました。このアンダーグラウンド・サマディは、ヨガのなかの最高の修行であり、不死となり、光明の魂となった証明とされています。

インドでは、人の至る最高の境地への到達とされ、それをなす人は偉大な聖者として最も尊ばれてきました。その精妙なサマディ・エネルギーは、地球と人々を浄めて癒していきます。インドのサドゥといわれる二千万人以上の聖者の憧れのステージであり、ヒマラヤの奥深くに住むほんの数人の聖者にしかできません。

このテレビ撮影のお手伝いが終わったとき、私はパイロット・ババジから、ヒマラヤへの招待を受けたのです。私はババジの言葉をありがたく受けて、以前から行きたいと願っていたヒマラヤ聖地に行くことを即座に決心しました。

ヒマラヤという土地は、その長い歴史において、秘密の生命の科学を明らかにした多くの聖者が現れたところであり、また今も実際にそうした偉大な聖者が生きている場所です。もちろん、ヒマラヤは広大で、地形や気候も厳しいところです。そこをよく知る人の案内がなければ危険な地といってよいでしょう。

しかも、それは単なる冒険の旅ではなく、厳しい修行を行うスピリチュアルな旅です。私はそれまでも、ヒマラヤの一部であるハリドワールやリシケシという聖地に行って修行をしたことがありますが、ガンゴトリー、ゴムークといったヒマラヤのさらに奥地に行けるということで、私の胸は高鳴りました。

それまでに何度もインドを訪れてはいましたが、そうした偉大な聖者に出会うことはありませんでした。ところが、ヒマラヤに長く住み、そこで修行した聖者パイロット・ババジに日本で会うことができたのは、なんと幸運なことでしょう。サマディに到達した彼は、本当の人生を知っている人であり、真理の人生を生きる人であり、秘密の生命の科学を知っている人なのです。

ヒマラヤへの旅――「ラーマーヤナ物語」に登場する場所

ヒマラヤは不思議な土地です。その景観は世界にとどろく美しさであり、そこには隠れた科学があります。いうなれば隠れた宝石のような場所であり、そこにはスピリチュアルなパワーが満ちているのです。

多くの聖者がここかしこで、隠れて瞑想をしています。ある人は神に祈り、ある人はサマディに入っています。その歴史は五千年とも一万年とも言われる古い昔から続くもので、そこには何千もの秘密の神院があります。

さて、ヒマラヤへの旅の最初は、ヒマラヤのサッタールにおける修行でした。そこで体を慣らしたあと、さらに秘境のピンダリー・グレイシャ（氷河）への旅を目指します。それはチベットへと通ずる道であり、秘境といわれる地域です。

私は現地のガイドの助けを得て、ピンダリーへと向かいました。そこは、ニューデリーから車で三日かかった後、さらに歩いて数日を費やして行く奥地です。かつては人跡未踏の地で、まさに閉ざされていた場所だったのです。

ニューデリーをスタートした私たちは、まず車で聖地バゲシュワールに着きました。ここには古い寺があり、スピリチュアル・パワーの記憶があります。なにしろ、アシュラム（道場とお寺）から見える川岸は、五千年の昔から伝承されてきたという「ラーマーヤナ物語」に登場する歴史的な場所なのです。

アシュラムでは多くの聖者に出会いましたが、なかでも哲学者でカイラス山を旅していたバルクルシュナ・マハラジという百歳近くの偉大なババジが印象的でした。

さらに、ニューデリーから車で三日目のソングという小さな町からは、徒歩で道なき道を進みます。ごつごつしたサラユの川べりを歩いていくと、聖者ナラヤン・スワミに会うことができました。

彼は百四十歳くらいの年齢であり、瞑想をして暮らしていました。白髪に輝く美しい、知恵ある姿に感動を覚えます。そこにゲストとして丁重に招かれ、彼はヒマラヤについて、そして他の聖者についての話をしてくれました。

私たちはさらに歩き続け、その後もいくつもの村を通過し、道なき道を登り続け、歩いたり、馬に乗ったりして、ピンダリーに向かいました。そしてソングから四日間かかってピンダリーに着きました。

美しい景色と素朴な信仰

一九八五年五月、とうとう私は、憧れの秘境ピンダリー渓谷に立つことができました。ヒマラヤのなかで最も美しく厳しいといわれる土地です。私は、夢を見ているのではないかと何度も思ったものです。

目の前には八千メートル級のヒマラヤの山々のパノラマがあります。付近にはいくつものケーブ（洞窟）があり、さらに石を積み上げて作った小さなコテージもあります。ピンダリー氷河は、そこから三十分ほど歩いたところにあります。

ケーブの上の方にはパイロット・ババジがつくった寺があります。小さな石を積み上げたその寺で、私は祈りを捧げ、リラックスしました。

　このようにして私は、秘境ヒマラヤを歩くチャンスをいただきました。そして単に歩く旅ではなく、そこに留まり、長く瞑想修行をすることができました。しかも、多くのヒマラヤの聖者に出会っていったのです。

　ピンダリー氷河やナンダデビの山々の雪解けの水は、ヒマラヤのいろいろな川の源になっています。その中のひとつに、マトリ山の脇を流れるピンドゥリ川があります。ピンダリー氷河の上には、八千メートル級ヒマラヤの山、ナンダデビ、ナンダカート、ナンダコートの山々がそびえ、チベットに行く道につながっているのです。

　グレイシャの頂上には多くの美しい湖があります。ナンダデビの山頂を越えたところにはさらに美しい山々が続きます。それを越えたところに、美しいカイラス山があるのです。

ピンダリー氷河での修行

　ピンダリーのケーブは何億年もそこにあります。そして、そこには、これまで修行したヒマラヤの聖者たちのエネルギーが残っています。

　そのエネルギーに触れることで、ここは私が初めて来たところではなく、私の過去生で修行をしていたのだと感じました。それとともに、私の体の中に変化が起きはじめました。私は直ちにそこに座り、深い瞑想に入っていったのです。その後も、私は毎年ピンダリーを含むヒマラヤのあちらこちらの秘境を訪れて修行を続けました。

それまでも日本において長年、瞑想修行を続け、四十日間何も食べず、部屋にこもりっきりのサマディ修行も行っていました。体が小さくなったり大きくなったりし、魂が体を出て部屋を飛んだりする、といった体験もしました。こうして、私はサマディの成就に一歩一歩近づいていったのです。

そして三回目のピンダリーへの旅のとき、ついに私は本当のサマディを成就します。では、そのときのことをお話ししましょう。

ヒマラヤの奥地に行くにつれ、その雄大な自然が、私をようこそと迎え入れてくれることに気づきました。それとともに、私は体が変化していったのです。

私は、自分の中に強い力が湧いてきたことを知り、ケーブの中にずっと座り続けるのだという覚悟が湧いてきました。そこで、パイロット・ババジをはじめとする聖者たちに私の思いを告げ、まわりをガードしてもらい、ただちにケーブに入って座りはじめたのです。

サマディに入るためには、私のこれまでの体のままではできません。体を浄め自由になる必要があるのです。

体を整え、調和をはかっていくと、やがて体が震えはじめました。頭が締めつけられ、頭から何かエネルギーが出ていくような感じで、痛みを覚えます。さらに体が非常に熱くなり、まるで熱湯に入っているような状況になってきました。足が燃えるように熱く、体中が熱いのです。いってみれば、山の頂上を目指して、下からだんだんに上に高く登っていくような感じだといえばよいでしょうか。まるで、火山の噴火によって溶岩が体内を昇っていくような印象です。

体中が火のようになり、私はもう人間ではない感じになってきました。もちろん、すべては自然に起き、私自身はコントロールができません。

サマディの中で本当の自己になる

私は体を超え、心を超え、私自身に近づいていきます。すでに、体もなく、心もなく、ケーブもなく、空が開けています。そして、さらに深く深く入っていきます。

突然トンネルが現れ、そこに入っていきました。それは死んでいく感じなのです。心があって気持ちが動くと、そこに入らず戻ってきてしまったことでしょう。

私はただトンネルをどんどん進んでいきました。暗闇のトンネルを進んでいくと、やがてなんの限界もない無限の空間が広がったのです。ついに私は時間と一体となり、私はビーイング（究極の存在）、すなわち本当の自己になったのでした。

私のまわりには偉大な魂が座っています。イエス・キリストがいます。仏陀（ブッダ）がいます。多くの偉大な魂がいます。すべては一つとなり、エンライトメント（覚醒）の魂がいるのです。神聖な魂が現れ、その中に私がいたのです。

魂は人ではなく、すべてはビーイングです。ほんの短い時間、すべてがワンネス（調和し一体であること）となり、神聖な知恵が生じたのです。空間が開かれ、距離が消えたのです。時間を超えたのです。

すべてがいっしょになりました。そこには仏陀もイエスもなく、すべてが一つなのです。過去も未来もなく、今となったのです。本来ならば、イエスは中東の人であり、仏陀はインドの人です。しかし、そうした場所や個性の違いもなく、すべてはいっしょに座っているのです。

魂が光明を得て、心が光明を得ると、すべての知識が現れました。そして、偉大な魂を見ます。個人を見るのではありません。そこには光明を得た魂、ビーイングがいるのです。彼らは光明を得た存在なのです。私にはそれがわかります。内側ですべてが一つになり、私も一つとなったのです。私は体ではなく、ブッダは私の内側にあり、イエス・キリストも私の内側にあります。

そこには、いかなる比較もなく、すべては同じです。心と体を超えた世界は、時間と空間を超え、死をも超えるのです。すべてが今の世界です。これがサマディです。サマディの中でエンライトメントを得るのです。

私にとって、この体験はほんの三分間の出来事のように感じました。

やがて、サマディから次第に意識が戻っていきました。心に戻り、体に戻ってきたのです。そして、塞いでいた入口の石をどけていただき、私はケーブから出て驚きました。なんとこの世の時間は三日間が過ぎていたのです。サマディの中では時を超え、時間がなく、空間がなかったのです。こうして、私は心と時間の世界に戻ってきました。

人々は私の様子を見てサマディに達したことがわかり、誰もが喜び、尊敬をもって迎え入れてくれました。そして、目に映るピンダリー氷河、まわりのヒマラヤの山々が、さらに一層の輝きを増していることに気づきました。美しいヒマラヤの秘境も、すべてが微笑《ほほえ》んで、私を迎え入れてくれています。こうして、ヒマラヤの山々を歩き、自分の悟りを楽しんだのです。

エンライトメント——それは死を超える体験

サマディを体験した私は考えました。人々にこの平和を伝えたい、人々に真の愛を伝え、それを成長させたい、何を人々のために与えることができるのか、愛と平和に興味を持っている人に何を運ぶことができるのか、と。

そこで私は、これからももっともっと座って、サマディを得たいと思い、そのことをパイロット・ババジに伝えたのです。このチャンスを逃したくないと思ったのです。

ケーブから少し離れた、向かい側の川の近くに、パイロット・ババジが建てた小さな寺院がありますが、彼はそこを勧めてくれました。その寺院の内部はとてもシンプルで、内部にはピンダリー神やカーリー神、ダットトレーという、この世界で初めての修行者であり、すべての修行者のマスターの像が祭られています。その小さな寺院の入り口のところに、座ることのできるほんの小さな場所があったのです。

私はその神々のイメージを見つめ、エネルギーを感じ、そのエネルギーが見守る中、修行を始めたのです。それはアヌグラハ・ヒマラヤ・クリヤ秘法と呼ばれるものです。私のすべてのエネルギーは一つになっていったのですが、それにはとても長い時間がかかりました。

エネルギーは山を駆けのぼるように昇っていきました。そして、ヒマラヤのエベレストは私たちの内側にあります。それを上ったり下がったりすることを繰り返していたのです。やがて、全体が調和がとれ、中心を得ました。すべての神経システムが一つになったのです。私の内側が目覚め、体がなく、感覚もありません。すべてが溶けて海になりました。そして非常に静かで深い平和が現れたのです。深い海に行きました。

エンライトメントが起きたのです。私は一つですべてになったのです。すべては私と共にあるのです。

私は空間であり、私は光です。私は純粋な存在です。私はビーイングです。空となり、宇宙意識となったのです。すべては神であり、すべては至高なる意識であり、すべては私の中にあります。

距離が消え、時間が消え、空間が消え、過去も未来もないのです。私は海のような光に満ちています。心と体を超え、死を超える体験をしたのです。

修行とサンカルパによるサマディ

私は真の自己になり、アートマン（真我）になったのです。気づきを行い、覚醒は発達し、非常にゆっくりと至高なるコンシャスネスから目覚め、セルフ・コンシャスネス、理性、さらに心、体へと戻ってきました。

私の修行によって、私のサンカルパによって、サマディが起きたのです。

サンカルパとは、変容の力によって、自分の願い、自分の誓いを叶えるものです。それは、心と体を超えたレーザーのパワーであり、神のような意志の祈りです。そのトランス状態の体験はほんのわずかな時間、ほんの数分間の出来事に感じました。

こうして、私は四日間のサマディを終えたのです。

もう、私はサマディに自由に入ることができるようになりました。いつでも、クリエイティブな考えを引き出すことができ、私は自分を信ずることができます。もはや、それまでの自分ではありません。人々に何かを与えることができます。ここまで来られたこと、すべての人々のサポートに感謝します。ヒマラヤ聖者のマスター達に感謝します。

サマディの成就によって、私の愛と平和を人々と分かち合うことができるようになりました。

そう、私にコンタクトする人に、エンライトメントとヒマラヤのアヌグラハのパワーを分かち合い、ヒマラヤの平和を運ぶことができるのです。

真のマスターを探しながら

私はアメリカで学び、インドで学んできました。そしてサマディの修行を深め、サマディに到達しました。私自身がマスターになったのです。

私は修行で、目に見えないかたちで助け続けてくれた、真のマスターとの直接の出会いを望みました。スピリチュアルな道には、マスターのさらなるブレッシングと私を導くマスターが欠かせないからです。ブレッシングとは、英語で祝福を示しますが、ヒマラヤ秘法ではとくに、悟りを得た聖者から高次元のエネルギーの恩恵をいただくことを指しています。

いうまでもなく、人生を生きていくうえでは、さまざまな教えやガイドが必要です。それは書物であったり、学校の先生であったり、両親や友であったりします。同様に、内なる修行、サマディへの道においても、マスターは欠かせないのです。

そうした知識を教え、オープンにする聖者のことを、インドではグル（精神指導者）と呼びます。グルとはヒンディー語で、「グ」は暗闇、「ル」は光という意味です。インドではすべての人々が、精神的ガイドであるグルをもっています。

しかし、偉大なマスターに出会い、グルとすることは非常に困難です。確かに、ヒマラヤには何十年もサマディに入って、肉体を超え、心を超え、死を超えて、ずっと魂を外に出して、あちこちへと旅をしている聖者がいます。サマディヨギ、あるいはシッダーマスターと呼ばれる素晴らしい聖者たちです。ヒマラヤの伝統の中で、そういったステージになるためのヒマラヤの秘法があり、そうしたシッダーマスター、つまりサマディヨギは、下の平野部には下りてこないのです。

ハリババジ、オッタルババジのこと

ある日私は、ピンダリーへの修行の旅のなかで、パイロット・ババジに尋ねました。

「私は誰からディクシャ（イニシエーション）を受けたらよいのでしょうか」

すると、彼は答えました。

「あなたには偉大なマスターが必要だ。私のマスター、ハリババジのところへ行こう。あなたにはその資格がある」

これを聞いて、私の胸は高鳴りました。大聖者であるハリババジに会えるのです！

ハリババジはシッダーマスター（完全なるマスター）としてインド中に名高い存在です。まさに、願ってもない機会でした。

後に聞いたところでは、パイロット・ババジは、私のことを良いカルマをもつ、運の強い人間と感じ、「彼女は霊的なレベルが高いうえ、とても熱心なので、自分より偉大なマスター、ハリババジから直接ブレッシングを受けた方がよいだろう」と話していたのだそうです。

ハリババジは、セイント・ハリ・ハリギリという有名な人物です。「セイント」とは聖者、「ハリ」とは神という意味です。彼は、三十年間インド中を旅し、サマディとヤギャ（日本の護摩焚きの原型）を行いました。そして人々を導いたのち、ヒマラヤに住むと言い残してインドを去り、ネパール・ヒマラヤに四十五年以上住み続けているのです。

そして、ハリババジのマスターはオッタルババジという聖者です。ハリババジは長い間、オッタルババジのただ一人の弟子でした。ハリババジは、マスターのオッタルババジから、そこに留まりなさいといわれ、ずっとそこに住んでいるのです。

オッタルババジこそ、もっとも高名なヒマラヤの偉大な聖者です。オッタルババジは、神のような存在として有名なシッダーマスター・ナラヤンからのイニシエーションを受けて、弟子になったシッダーマスターです。

大聖者ハリババジに出会う

あなたは、聖者というと、どのようなイメージを描きますか。全身からオーラが溢れ、いかにも近寄りがたい聖なる存在だと思い描くのではないでしょうか。

ところが、実際のシッダーマスターは、そんなイメージとはまったく異なります。そのへんで見かけたら、うっかり見過ごしてしまうのではないかと思われます。素朴そのものの表情で、めったに喋りません。いっさいのエゴもなく、ピュアで、ただひたすら自然体で、存在そのものがその場にすっかり溶け込んでしまっているといった感じです。

しかし、そのそばにいるだけで心が平和になり、すべてが充たされる思いがしてきます、ハリババジもまた、そうした風情《ふぜい》のシッダーマスターでした。

彼は非常に痩せていて、シンプルな感じでした。海のような静けさと海のような慈愛がありました。目は大きく、その深い輝きとやさしさ。彼に会ったとたん、私はわけもわからなく涙がこみ上げ、懐かしさとうれしさでいっぱいになったのです。その人こそ、私を陰で助けてくれていたマスターなのだと直感したのです。

パイロット・ババジがハリババジに対して、私がヒマラヤのあちこちを歩いて修行している人物で、ディクシャをハリババジから授けていただくために訪ねてきましたと伝えたところ、ハリババジは、私がそれを受け取る力があるとわかり、素晴らしい不思議な笑顔を見せました。

そして、彼はあまりしゃべらずに、また私がどんな人間かも尋ねることなく、ディクシャを授けてくれたのです。

私がいくつか質問すると、そのひとつひとつに、とても温かく答えてくださり、私はわけもわからず、ただただ感動の涙を流し続けました。ハリババジは、私に平和と愛について説いてくれます。そして、直接アヌグラハという神のグレイス（恩寵）を授けてくださったのです。

こうして私は、幸運にもヒマラヤの家族になることができました。通常なら偉大なヒマラヤ聖者のマスターからディクシャをいただくことは、とても困難なことです。多くの人がインドやヒマラヤに行きますが、ほとんどの人はシッダーマスターに会うことはできません。たとえ会ったとしても、その人が偉大かどうか、わからないのです。

生まれながらに純粋な心をもち、良いカルマをもっている人、あるいは非常に良いカルマをもっている人、そうした人にのみ与えられるのです。

「特別な過去生からのカルマにより、アヌグラハという神のグレイスを受けることができるものがいる。あなたはその一人である」とハリババジは私に言いました。

体験談

小さい頃から、奇跡をたくさん起こしてもらいました

東京・男子、中学一年生

僕は小さいときから、ヨグマタの奇跡をたくさん身近に見、そして自分でも体験してきました。

小学生のとき、同じクラスに意地悪を言ってくる友人がいて、学校に行くのが嫌になったことがあります。父と母が心配して、ヨグマタのところに行くように勧められました。ヨグマタに相談すると、

「その人が幸せになるようにお祈りをしなさい」と言われ、マントラ（聖なる波動）をいただきました。さっそく帰ってマントラを唱え、お祈りをして、次の日に学校に行くと、その友人は意地悪を言いません。それ以来、まったく意地悪を言われなくなり、お互いに家に行ったり来たりして遊ぶようになって、先生もクラスメートも驚いていました。

心だけでなく、体にも奇跡を起こしてもらったことがあります。僕は公園の遊具で遊んでいて落ち、骨を折ってしまったことがあるのですが、その時もすぐにヨグマタにパワーを入れてもらいに行きました。その後、病院の先生が「あれ、もっと時間がかかると思ったのに、治りが早いな、おかしいな」と不思議がっていました。

僕自身だけでなく、友だちにも奇跡が起きたことがあります。昔からの友だちのT君がある時突然、原因不明の脳内出血で倒れ、「もう治る見込みがない」と言われたことがあります。自分と同じ年なのに、これから先、学校にも行けず、ずっと病院にいて意識も戻らないまま過ごすのかと思うと、とてもショックでした。

その時、ちょうどヨグマタの祈りの会に出席したので、T君のことをお願いすることにしました。すると、一週間くらい後に、友だちのお母さんから電話がかかってきて、T君が奇跡的に治ったこと、来週からは小学校にも行けることを伝えてくれました。あまりの展開に、本当にヨグマタはすごいと思いました。

今、僕は学校が楽しくてしかたありません。友だちは面白い人ばかりで、授業は本当に楽しいし、文化祭や体育祭も何もかも充実しています。これから先、何か問題が起きたとしても、ヨグマタにお願いすればきっと解決するだろうという、自信のようなものが心の中にあります。

いつも守られているような安心感、「何があっても大丈夫」という自信を持って、毎日を過ごすことができるのは、本当にヨグマタのおかげだと思います。僕は小さい頃に、このように安心できる存在に出会えたことに感謝しています。

ディクシャは内側を目覚めさせ、その人の運命を変える

では、ディクシャ（イニシエーション）とは、人生にとってどれほど重要なのでしょうか。

それはマスターからエネルギーの伝授が行われるとともに、内側を目覚めさせる素晴らしい科学であり、素晴らしい教えなのです。その人の人生に素晴らしいことが起きるのを助けるものであるため、より高いステージのマスターに出会い、ディクシャを受けることが大切です。

人の体は小宇宙であり、宇宙のすべてがその中にありますが、人は本当の自分を知らずに心を発達させていくうちに、その心に翻弄され、コントロールされています。

もともと人間の体は非常にパワフルで、すぐれた機能が備わっているのですが、人は本当の自分のことをほとんど知りません。多くの人はただ無意識に生きています。エゴにとらわれ、他人から得た知識や考え方などで頭がいっぱいになり、それらの考えに左右され、執着しているのです。

ところが、ディクシャを受けた人は、そうしたとらわれから離れ、自然の素晴らしさを感じ、目覚めることができるのです。

ディクシャによって、あなたの本当の自分とマスターがつながり、そこに宇宙のパワーが流れ、心身が浄められ、目覚めます。ディクシャを受けることで、人の体という素晴らしい小宇宙が明らかになるからです。ディクシャを受けた人は、もはやそれまでの単純な人ではなく、目覚めた人になります。

良い縁をいただくのには準備が必要です。ディクシャをいただくには、まず心と体を善なる思いと行為によって浄め、気づきを深めることが必要です。そうして、高いステージのマスターに会えると信ずることによって会うことができるのです。

私は現在、日本でもディクシャを伝授しています。生まれたばかりの赤ちゃんから九十歳以上の人まで、私のディクシャを受けて守られて生きているのです。

アヌグラハという恩寵

ハリババジとの出会いは最終地点であり、私のカルマでした。ハリババジというマスターのブレッシングで、私は神からの恩寵とマスターの恩寵を受け、内側がさらに浄められ、さらに深い知恵を授かることができたのです。

私が受けたブレッシングはアヌグラハと呼ばれ、これは真のサマディに達したマスターのみから与えられる恩寵です。細かいレーザーのようなブレッシングを、ある個所のエネルギーのセンターにもたらすことにより、内側を目覚めさせ、変容させ、カルマを変え、さらに進化させてくれるのです。愛と知恵とパワーを汲みだす最高のブレッシングといってよいでしょう。

ネパール・ヒマラヤは、スピリチュアルな場所で、平和な土地です。修行者には国境がなく、ヒマラヤの向こうにあるカイラス山やヒマラヤ全体が、偉大な聖者によって祝福されています。この地域には、これまでも多くのサマディヨギの聖者たちがいて、修行をしていたのです。ハリババジもそうした聖者の一人です。そして次に訪れたとき、ハリババジのグル、オッタルババジにも出会うことができました。私は本当にラッキーなのです。ヒマラヤの家族に包まれる、その感動は忘れがたいものです。

マスターからのディクシャの尊さは、日本人にはわかりづらいかと思います。あまりにも科学が発達し、経済が発達しているため、こうしたことを理解しにくいのでしょう。

私は実際にディクシャを体験し、なぜそれが重要なのかがよくわかりました。そこには、じつに優れた科学と尊く高い教えがあるのです。そして、その人の内側を目覚めさせるのを助け、新しい人生を与えていきます。

どんな人にとっても人生の最高の目的である、人間完成の悟り、エンライトメントに達する「サマディへの道」は未踏であり、常に不安と危険との隣り合わせです。案内人なしではとても進むことはできません。

だからこそ、すぐれたシッダーマスターのグレイスが必要なのです。遠い存在の神ではなく、実際のサマディの体験で心身が変容し、それを超え、至高なる存在になったシッダーマスターのアヌグラハにこそ価値があります。その守りをいただき、幸福を得るとともに、真理になり、自己となり、サマディに達することができるのです。

自分のための修行から人のための修行へ

私は、ヒマラヤの奥地で、究極のサマディを目指し、ひたすら修行を続け、サマディに到達しました。その後も、ヒマラヤでの修行の旅は続きました。バドリナード、ガンゴトリー、タッポバン、ウッタラカシ、ケダルナート、ラダック、チベット、カイラスと、さらにサマディを確実なものにするために修行の旅は続きました。

ヒマラヤ修行で真理を発見し、死を超え、すべてを知った私は、やがて十分修行に満足し、これからは人のために生きたいと思い、自分のための修行から人のための修行へと移っていきました。そして、この真理の体験を人々に伝えていかなければならないと考えるようになったのです。

そんなある日、私はハリババジに呼ばれ、こう告げられました。

「あなたは、チッタム（純粋な魂）な人です。サマディを伝えなさい。日本人の魂を引き上げなさい。もっと心を超えたスピリチュアルなことを、真理を伝えなさい。ディクシャを与え、アヌグラハを与え、人々を苦しみから救うのです。平和を伝えなさい」

なんというありがたい言葉をいただいたのでしょう。私は、限りない幸福感と感慨で胸を詰まらせ、何度も何度も、言葉の重みをかみしめました。

そうして、ハリババジやヒマラヤの聖者たちから、次のようなメッセージをいただきました。

「あなたはサマディに達し、真理を知ったのです。人々の中に、この世界に愛を発達させ、慈愛を育み、世界が平和になるために、ブラザーフッドとして地球を、宇宙をワンネスにするために人々に真理を伝えなさい」

「サマディを人々の中で行いなさい。そうすれば人々は理解します」

「サマディの人は特別な人なのです。人間を超えた存在です。人々は信じて聞くのです。人々を目覚めさせ、理解させることができるのです」

「平和と愛を分かち合い、人々の内側を目覚めさせるために、公開でサマディを行いなさい。ディクシャを与え、人々を救いなさい」

私が公開サマディをし続けてきたのは、こうしたヒマラヤの聖者の意志なのです。

真理を証明し、伝えていく

五千年以上も昔から、サマディは公開で行われてきました。しかし、現在はそれがすたれつつあるために、ヒマラヤの聖者たちは私に対して公開サマディを行うように要請してきたのです。それは、人々に真理を信ずる心を起こすためと、人々に人間性とは何かということを知らせるためにです。

公開サマディをすることで、大勢の人々が集まります。サマディヨギの私につながり、意識を向けることで、ハートが開かれ、エゴが落ちて慈愛の心となります。それまで破壊的なストレスでいっぱいだった態度が自然なものになり、愛と平和が心に満ちるようになるのです。

こうして一九九一年から毎年、ニューデリーをはじめとするインドの各地や、クンムメラというインド中の聖者の集まるスピリチュアルな祭典で、公開サマディを行ってきました。

それは、前述したアンダーグラウンド・サマディのことで、完全に密閉された地下窟で、神我一如のサマディ・ステージに没入し、四日間を送るのです。呼吸が止まり、死を超えてアートマンとなり、神と一体となります。四日の間は、時間と空間を超えるのです。

仏教の多くの経典には、サマディのことが記され、悟りの大切さが説かれていますが、実際にそれがあるのかどうかは誰もわかりません。そこで、公開でサマディを実際に行うことによって、悟り、エンライトメントと真理を証明し、人は単なる存在ではなく、至高なる存在の神から生まれた、神そのものであると気づくことの大切さを伝え、人々に愛と平和の分かち合いをするのです。

サマディ・パワーはアヌグラハとなります。アヌグラハはすべてを可能にします。地球を浄化し、人々の心を浄化します。神のグレイスのアヌグラハで浄められ、真理と安心を得て、幸福になっていただこうと思って、私は公開サマディを行ってきたのです。

公開サマディは二〇〇七年一月で十八回を数えました。いま、その役割も終わりに近づいていると感じた私は、それと並行して、本当の自分になる科学の知識を伝えていくことを行っています。

ヒマラヤ秘教によるディクシャを与え、ブレッシングを与え、アヌグラハ・ヒマラヤ・サマディ・プログラムを通して、サマディへの道、本当の自分になる道を示し、より良い人生への道、真の幸福、真の成功への実践の道を伝えています。

現在の世界には、環境汚染、地球温暖化、そして異文化に対する攻撃、破壊活動など、さまざまな問題が横たわっています。台風、サイクロン、ハリケーンといった巨大な気流の強風により、おびただしい死者も出ています。洪水や津波や大地震もあちこちで発生して、多くの犠牲者が出ました。今の世界にはこうした不安があります。

では、どうすればよいでしょうか。すべての人々が無知から脱出して、目覚めなければならないのです。そうした変容を起こすために、私は日本に戻って来たのです。

パイロット・ババジと共に聖地カイラスへ

ヒマラヤの山々を超えた向こう側のチベットに、カイラス山があります。それはちょうど日本の富士山のような、円錐型の美しい形をしている聖なる山です。

ヒンドゥ教徒も、仏教徒も、その山を聖地としています。七千メートル以上もあるその山に向かって、人々は命を賭けて巡礼に行くのです。

人々は山の周囲を一周するのですが、聖なるところをぐるりと回り、祈ることをパリカルマといいます。朝から晩まで歩いても三日間かかるほど。ときにチベットの信仰深い人は、五体投地をして祈りながら回ります。

私は、ヒンドゥ教徒がシヴァが住むといい、シヴァ神のように信仰するカイラス山に、一九九〇年と一九九五年に巡礼に行きました。その後、二〇〇一年の春には、日本の人たちを連れて、パイロット・ババジと共に行ってきました。

ネパールのカトマンドゥから飛行機でチベットのラサに飛び、さらにランドクルーザーに乗り、カイラス山へと向かいます。それから麓まで出て、カイラス山を三日間かかって歩いてまわります。とても厳しい巡礼ですが、心身魂の浄化が進むのです。

一方、インド側から行くコースは大変で、途中バスの通らないところがあり、一ヵ月も歩かなければなりません。インドのあるスピリチュアルな団体が、私たちと同時期にカイラス巡礼をしていたのですが、途中で四人の若者が高山病で亡くなられたそうです。お気の毒ではありますが、インドの人々の考え方は、聖地に行って天国に一番近いところで亡くなられたので、幸せなことであったと受け取るというのです。ほとんどのインド人に、そういった危険を冒してまで、聖なる山に巡礼をしたいという強い思いがあるのです。

私は、ヒマラヤにおける修行を通じて、本当に楽になり、自由になり、生きていることが幸せになりました。私は初めてヒマラヤを訪れたとき、カルチャーセンターの主宰者としての仕事を持っていました。今もそうです。そのときすでに、自分は十分に満たされていて幸せだと思っていましたが、ヒマラヤでサマディに到達し、奥深い修行をすることによって、創造の源に還り、真理を体験し、素晴らしい可能性と本当の自由を得ることができたのです。

ヒマラヤが思い出させてくれるもの

ヒマラヤの高原の、ここかしこにある巨岩は、どんなに強い風が吹いても、ただそこに、じっとたたずんでいます。静寂の中で不動のままの巨岩の在りよう。ヒマラヤを訪れると、そういった静けさを自分の中に持つことができるのです。

ガンジス川の源流であるヒマラヤの川は、雪解けの水を運び、想像がつかないくらい遠くの下流に来たら、海のように広くなります。その水の尊さを、暑い地域に住むインド人は、身をもって感じているのです。

この川は、あちこちでうねり、水中の魚を育み、まわりの植物すべてに潤いを与えます。何も奪わず、ただ与えていき、そして、力強く流れます。石にぶつかっても、痛いと思わずに無心で流れ続けていき、まわりの大地に恵みを与えているのです。

太陽はすべての植物に光を与え、力を与えています。そうやってずっと与え続けていますが、決して何も奪いません。ただ与え続けています。

ところが、私たちはといえば、もらうことばかりを追求して、ただ吸収するだけです。するとパンパンに膨れあがってしまいます。入ったものを流していかなくては滞ってしまいます。流して流して、そして与えて与えて、最後に光になっていくことです。

自然を見ていくと、どうしたら詰まったものを解放させていけるのか、自由な人になっていけるのかを学ぶことができます。

とくに、ヒマラヤの大自然は、私たちに失われた何かを思い出させてくれるものがあります。ヒマラヤの教えを通じて、社会において、この世界において、鳥のように自由であり、川の流れのように力強く、石のように動かない。そういったヒマラヤの静寂と喜びとを実感すると、生きることが楽になり、全体が見えるようになるのです。

ヒマラヤの静寂と喜びは自分の中にあるのです。今この日本で、心身の曇りが取れ、太陽が現れて、静寂を得ることができるのです。

第5章

ヒマラヤの教え

——本当のヨガ

ヨガは「結ぶ」という意味

ヨガということばを聞いて、みなさんは何を連想するでしょうか。おそらく、多くの人は変わったポーズをする健康法のように思っているのではないでしょうか。

しかし、それはヨガのほんの一部分にしか過ぎません。本来のヨガというのは、ヒマラヤ聖者の叡知を集めた教えであり、不死の科学であり、本当の自分になる科学です。さらには人生に成功をもたらす科学であり、幸福になる科学であり、心と体を美しくする真のインナー・ビューティの科学であり、癒しの科学なのです。あるいは人生の真理、宇宙の真理、神の真理を知る科学です。

この章では、そのヨガについて詳しく説明していくことにしましょう。

ヨガは、宇宙のへそであるヒランガルバから生まれ、シヴァによってシヴァの妻に語られたと言われています。以後、ヒマラヤで多くの聖者が秘教のヨガの実践を行うことにより、現代にまで伝えられてきたのです。ヒマラヤ秘教は、ヨガの真髄であり、インナーヨガ（アンタルヤトラヨガ）になります。

ヨガということばには、「ユニオン」「結ぶ」という意味があります。宇宙の活動、すべての活動、自然の活動には、この、結ぶ、ユニオンという活動が必要です。ユニオン、ヨガなしに、この世界は存在しないのです。

私たちも同じです。二つによる結合で調和をもって働くのです。二本の足で歩き、二つの目で見て、二つの耳で聞き、二つの唇で話します。誰かを愛するのにはもう一人が必要です。ヨガのパワーでこの世界は創られたのです。私たちは創造の源から送られてきました。そして形のないところからユニオンをつくり、形となって現れ、創造のパワーは結合してクリエイティブに創造するのです。

この創造の科学、自然の科学について、ヒマラヤの聖者は探求し、その真理を発見していったのです。どこからこの科学が来たのかといえば、すべては内側からやってきたのです。聖者たちは自分自身の内側の神秘を解き明かしていったのです。

ヨガには「バランス」の意味も込められている

ヨガということばには「バランス」という意味も込められています。バランスをとって、本当の自分になっていくのです。バランスをとって源の無に戻るのです。すべての創造、行動は無からやってくるのです。私たちは生命の躍動から現れる行動を理解し、本当の自分になり、すべてを理解するのです。

では、私たちの中には何があるのでしょうか。

私たちの体の中には、ナディというエネルギーの流れる道が七万二千あります。中でも重要なのが百八のナディであり、さらに重要なのが十三のナディです。

そして、もっとも重要なのが次の三つ。ピンガラという、体の右側を流れる陽のエネルギーの道、イダーという、体の左側を流れる陰のエネルギーの道、そしてスシュムナーという、体の中心を流れる道です。

すべてのナディを浄化して流れをよくし、感謝します。とくにピンガラとイダーという左右のエネルギーが交互に働き、バランスをとることで、私たちが生かされていることを知っておいてください。そのどちらかに偏ってバランスが崩れると、心や体の調子が悪くなるのです。

たとえば、ポジティブであるのは良いことだと、私たちは単純に考えがちです。しかし、ポジティブな心だけを使っていても平和ではありません。必ずそこにはネガティブな心が生まれます。そうしたポジティブとネガティブのふたつがあって、世界は動き、生きているのです。

そして、プラスのピンガラの道に流れる太陽のエネルギーと、マイナスのイダーの道を流れる月のエネルギーと、この二つのエネルギーがバランスがとれ、一つに溶け込んだとき、センターのエネルギーであるスシュムナーが目覚め、働きます。

これら二つのエネルギーを一つにしていくと、クンダリーニという内なる神聖なエネルギーが目覚め、スシュムナーの中を流れるのです。そしてついにはアストラルな体の扉に達し、すべては神聖な存在となり、さらにそれを超えて至高なる存在に溶け込んでいくのです。

このようにヨガは科学であり、私たちを空《くう》の源、ナッシングネスに運んでいくのです。悟りに連れていき、幸福を与えます。それは、すべての人のためのものなのです。

ヨガの教えと心身の調和

地震、洪水、山火事のような災害は、自然がバランスをとろうとするために起きる現象です。自然は、そうして常にうごめきながら、バランスをとって調和を図っているのです。静止しているように見える地球も、常にうごめきながら正しい位置を保とうとしています。

これは、私たちの体にも当てはまります。なぜなら、私たちの体もまたひとつの小宇宙だからです。現代生活というのはストレスだらけの社会であり、人間関係、健康問題、家庭問題など、さまざまな不自然な出来事が生活にふりかかるために、エネルギーが非常に乱れてしまっています。そのため、偏ってしまったエネルギーのバランスを正していくことが求められます。つまり、歪んだものを本来の姿に戻していく必要があるのです。

では、体は、いったい何によって動かされているのでしょうか。それは心です。心が今日ここへ行こうと思ったら、体はそのように行動します。つまり、体の動きの前に、心があるのです。ということは、体のバランスをとるためには、心をうまくコントロールする必要があるということがおわかりでしょう。

そして、心はプラーナという生命エネルギーがあってはじめて働き、さらにそのプラーナが生まれる源の存在があるのです。

ところが、心というのは、いったんそこにエネルギーを注ぐと、自動的に心がそちらに行ってしまう性質があり、コントロールできないものです。

そこでヨガは、そうした心を浄化して本来の姿に戻したり、すべての心の働きをストップさせて無心にしたりするのです。ヨガによって、あなたの心が純粋に、空《くう》になると、心を有効に使うことができることに気づくのです。

さて、ヒマラヤの聖者は、例えば自分の体を氷のようにして、永く生きながらえる方法を知っています。また、体温を非常に高くして、すべてのカルマを燃やし尽くして空《くう》になっていく方法、あるいは、プラスのエネルギーとマイナスのエネルギーをひとつにして、違う次元のエネルギーにする方法を知っています。

さらに、どうやって宇宙が生まれてきたのか、この肉体という小宇宙がどういうふうにして現在の形になってきたのか、その小宇宙の奥深くにある、すべてを生み出す大宇宙とはいかなるものなのか、こうしたさまざまな森羅万象の現象を、サマディによって深く知っているのです。

ヒマラヤの教えは、そうした高い次元の叡智であり、変容し、体験によって得るものであり、秘教であり、まるで宝物のように尊く、一般に出会えることなど皆無の教えです。イモータル（不死）の秘密の教えであるヨガは、それを知るサマディヨギに出会うチャンスはなく、実際にサマディヨギからその本質が伝えられるチャンスはありません。そんな中でヨガは、一般には、肉体レベルの初歩の部分である、体を動かす体操として、美容や健康に役立つものとされ、ブームになっているわけです。

多くの人が実践している瞑想もまたヨガの一部であり、ヨガは本来は深い変容の科学なのです。

究極のヨガであるヒマラヤ秘教は、健康になることはもちろん、人生が成功に導かれ、本来の自分になり、神と一体になるための修行体系です。真理を知り、絶対なる幸福を知り、知恵と愛に満ち、平和なクオリティになるための修行体系でもあるのです。

本来のヨガは内側の世界を目覚めさせ、内側のすべてを知り、内側を進化させるものです。私たちはヨガを通じて、この世界に成功をもたらすための知識を得、集中力のパワーを得て、また、最高の安らぎ、リラックスを得ることができるのです。そして、人生を調和させ、幸福と美しさを得、成功を得るのです。あなたは実際に、体と心と本当の自分を理解して、体験するのです。

ヨガの第一段階ヤマ

では、実際のヨガの教えを紹介していきましょう。

ヨガ修行の流派はいろいろありますが、その中のシステムでわかりやすいのが、ヨガの八つの段階の教えです。体から心へ、さらに魂へと、見える行為から見えないところまで浄化し、魂を自由にしていくプロセスです。ヒマラヤ秘教のヨガも、こうしたステップを踏んで浄めていきます。そしてその中に、ヒマラヤ秘教ならではの教えが含まれるのです。

その八つとは、ヤマ、ニヤマ、アーサナ、プラナヤーマ、プラティヤハーラ、ダラーナ、ディヤーナ、サマディ。その第一段階と第二段階であるヤマとニヤマに、道徳的な教えがあります。ヤマとは禁戒のことです。まず、身口意（身体と言葉と思い）にて暴力を振るわないこと。人間のみではなくすべての動物をできるだけ殺さないように、傷つけないように、という教えもここに含まれています。さらにそれはすべてを慈しみ、とらわれず愛していくという意味も含まれます。

また、正直でありなさい、人のものを盗まないように、という教えもあります。それはまた、知恵を与えなさい、愛を与えなさい、困っている人に施しをしなさい、ということにつながっていきます。さらに、セックスをあまりしてはいけない、執着をつくらない、食べ物を貪《むさぼ》ってはいけないといった、日常生活における心の欲望をコントロールすることで、もろもろの自他の心身を汚さないための道徳的な教えが含まれています。

すなわち、ヤマの禁戒は、非暴力、正直、不盗、禁欲、不貪《ふとん》の五つです。

人は、時として他人を憎んだりします。また、気に入らずに腹が立ったり、怒りたい気持ちも起きます。そんな場合には、反対のことを思ってバランスをとり、自分を反省し、人を許すことによって、そういう心をコントロールしなさいということです。

通常は、誰しも当然できていなければならないことであり、私自身も十代の頃、どうしてそんなあたりまえのことをヨガで教えるのか、と不思議に感じていたほどです。

しかし、そのあたりまえのことが、できているようでいて、よく考えてみると、できない場合があります。人に暴力をふるわないのは当然のことです。ところが、みんなができたら、新聞にそういうニュースが出ることはないでしょう。

また、多くの人が、自分の心は清らかであり、悪いことはしていない、と思い込んでいます。ところが、現代は競争社会ですから、ライバルともいうべき人に何かいいことがあると、羨ましがったり、妬んだり、落ち込んだりします。相手がパワーを発揮すると、その立場を尊重することができず、否定的な心も表れてくるかもしれません。そしてまた、そういう自分を嫌ったりします。こんなように、思いがどんどんマイナスの方向に進んでいくわけです。もやもやした気持ちになっていたり、本人の自覚もなしに、無意識に人を受け入れなかったり、自分を責めたりして、心を汚していることもあるのです。

ですから、こうした至極あたりまえのことも、表面のみでなく、心深く見つめ、しっかりと自分のなかで学びとして受けとり、成長のチャンスとして生かしてやっていく必要があるのです。

清らかにすること――第二段階　ニヤマ

次の第二段階に、ニヤマ（勧戒）があります。これは、戒めと善行を勧める教えです。心と体を浄めるため、無執着で良いことを進めていけば、魂、本当の自己の解放となっていくのです。これは本当の自分を覆っている心と体のカルマの浄化のために、良いカルマを行うことです。良い社会をつくるために行う、人々を救う善行のカルマは愛を育み、良いエネルギーを増大させることになります。魂を救うための良いカルマです。

ニヤマの最初のステップに、清潔、清浄の勧めがあります。肉体を清らかにする方法としては、ヨギの場合は外側を水浴で浄め、時には泥を塗って浄めます。さらに体の中の清浄を徹底的に行い、なかには胃や鼻や腸まで洗浄する人もいます。

インドの人は、心身の汚れを取るために、聖なるガンジス河で身を浄める、いわゆる沐浴という行為をよくします。私たちが日々行う入浴も、外の汚れを落としています。これらの行為は利己主義にならない行為につながるのです。また、ブラフマン（インドの僧侶に当たる人）は、いまだに他人の作ったものは口にせず、自らの手で作ったもののみ食べる人が多いのですが、これもニヤマを守っているわけです。

また、呼吸によって清めることもできます。さらに、あまり食品添加物などの入っていないもの、自然なものを食べることによって、体にストレスを加えず、体を清潔に保つことも大切です。

それができると、次に、心を清潔にするにはどうしたらよいのかという問題に行きつきます。つまり、とらわれない心、清らかな愛の心をもつための方法です。

それには相手をののしるような言葉ではなく、美しい言葉を用いるとよいのです。感謝の気持ちを含んだり、相手を励ますような言葉を使うのです。そうして、愛をもって話すようにすることが大切です。人は気づかないことが多いのですが、不満や責める心をもって言葉を発していることが多いのです。子育てに一生懸命である親の場合も、こうした親の姿勢から正していかなければ、親と子供の両方が幸福になれないのです。

さらにすべて平等の心となり、満足する心を持つことが大切です。

本来ヨガの教えは、本当の幸福を得て、悟るための教えであり、まずこうした日常的な実践的生き方について勧める道徳の教えがあるのです。なぜなら、人生の最高の目的である悟りを得、そしてより豊かな成功を手にするためには、心と体を浄化し、平和にして、生活の中で積極的に良いエネルギーを育んでいくことが重要であると考えているからです。心身の浄めなしには、この道は成功しないのです。心の思いは体に表れ、結果となります。ヤマとニヤマは最も大切な第一のステップなのです。

苦行やマントラを暗誦する意義

勧戒であるニヤマには、そのほかに苦行の勧めがあります。

苦行といっても、必ずしも難しいことばかりでなく、一般の人にもできることがあります。たとえば、むやみにしゃべらず、沈黙を守るというのもその一つです。また、人をジャッジし、判断しないということも、自分に課した、心を浄化する苦行になります。

また、インドにおいては、食事も食べたいだけ食べるのではなく、神に願かけをして、食事をコントロールすることがよくあります。たとえば、ある期間は果物だけを食べるという、半断食といわれる行をすると、内臓や心が清まって、苦しみに耐え、暑さ、寒さに耐えられるようになるのです。

さらに、良いお話、真理の知識の話を聞くことや、聖なる言葉スートラや、マントラ（真言、聖なる波動）を暗誦することも大切です。マントラを唱えることで、自分の心を清らかにし、カルマを浄化するのです。また、集中力を養い、パワーを得て願いを叶えられるのです。波動は乗り物であり、その波動をあなたの中に広げていくと、本当の自分に、さらには神に近づいていくことができます。

最も大切なことが、神への信仰です。それは本当の自分になり、神に出会っていくための要《かなめ》です。この肉体と心を支えてくれる、見えない存在への感謝と信頼は欠かすことができません。自己を信じ、さらに神を信ずる。そこに導く悟りのマスターを信頼する。この三つのものの本質は同じなのです。そして、そこにサレンダーしていき、すべてを捧げていくのです。そこから守りとブレッシングをいただき、生きるパワーを得て、さらに自分を磨いて進化できるのです。

こうしたヤマとニヤマの、心と体の道徳的行為が、心身を汚さずに浄め、強い意志をつくりますから、あなたは次に来るヨガの実践を成功させ、魂の輝きを得ることができるのです。そしてこの行は、それを行って初めて次の行に進む資格を得ることができる、最も重要で大切なステップになるのです。

体験談

前年比の売り上げが全国トップに

神奈川・四十代女性、店長

自分のこと、職場のこと、人間関係など、いろんなことが気にかかり、心が粉々になっている状態が常でしたが、ヨグマタに出会い、瞑想法をいただいて、日々実践を続けるなか、さまざまな変化を自覚できるようになってきました。

全国に十数店舗あるチェーン店に勤務をしているのですが、昨年の好成績を買われて、社長から直接、一番大変な店舗の店長としてがんばってもらえないかと請われたのです。スタッフは身勝手で、まとまりがなく、反抗的で、またクレームが多い困ったお客様もいたり、それに人員不足のため、深夜残業が当たり前、という状況で、そこで長く続いた店長がいない、というほど過酷な職場でした。以前なら、誰もが敬遠するような、そんな大変な役割を自分が引き受けられるわけはないと断っていたでしょうが、これも必要なことだろうと、不思議と承諾している自分がいました。

そんな職場ではありましたが、ヨグマタが守ってくださっているという確信のもと、瞑想を続けているおかげで、徐々に問題と思われていたことが解決するようになってきたのです。スタッフは、以前の反抗的な態度がなくなり、クレームが多かったお客様はいなくなり、さらに、前年比の売り上げの伸び率が、いつのまにか全国トップになっていました。私自身は、意識して売り上げをあげようと努力したわけでもなかったのですが。今でも深夜残業は続いていて、休日もほとんどないような状況ですが、不思議と倒れることもなく続けられています。

不良品を交換に来られたお客様に最終的にお礼を言われたり、お預かりの品に傷をつけるという一大事が起こった時も、最終的には満足げな様子で帰って行かれるお客様を見送ることができました。他のスタッフもあまり小さなことで大騒ぎしなくなったように思います。

このように何が起きても、ものごとを前向きにとらえることができました。そして、気分もどんどん好転し、人間関係も改善され、職場での成績もあがり、高い評価をいただくようになってきました。

ヨガの第三段階　アーサナ

ヨガの第三段階は、体のバランスをとることです。それはアーサナ（座法）と呼ばれ、いわゆるヨガのポーズをすることです。ここには、まず体を整え、それによって心を整えるというヨガの実践的教えが込められているわけです。

その昔、仏陀の生きている頃の体操のヨガはそれほど発達しておらず、もっとインナー（内面的）なヨガでした。現在は、フィジカル（肉体的）なヨガが多いのですが、それだけ体や心が不自然になっていることを示しているといってよいでしょう。

現代に至るまでに、ヨガのポーズは何千種類にも発達しましたが、基本の形は八十四ポーズです。たとえば、座法には、結跏趺《ふざ》座法、半跏趺座法、達人座法、安楽座法などがあります。どれも瞑想するための座法であり、エネルギーを安定させ、精神を統一することができます。

ポーズの目的は「体を整えていく」ということにあります。体が歪んでいると、歪んだ方向にエネルギーが流れていきます。私たちは、日頃ストレスを受けて、体の中がグシャグシャになって、混乱状態になっています。あるいは心の使い方によって、エネルギーに関連する内臓がストレスを受け混乱しています。

また、頭脳労働をしている人は頭だけを使い、食べすぎている人は内臓を使いすぎています。飲みすぎている人の場合は肝臓の使いすぎ。人によっては腎臓を使いすぎている場合もあるかもしれません。ゴルフをする人は、体をねじりますので、ねじったほうに体を使っているかもしれません。それだけ、体を偏って使っているのです。

いつも生活や仕事などで同じ動作を行ったり、同じ姿勢を保っていたり、心のカルマで体が偏って使われると、全体にまんべんなくエネルギーが行きわたりませんから、それが偏って癖のある体になっていくのです。その偏りを放置していると、心の不安定や病気の原因になりかねません。このようにいろいろなカルマによって体がバランスを崩すのです。そこで、いろいろな動作で体をほぐしていくことが必要になるのです。

ヨガのアーサナは、おもに動物の動きからヒントを得ています。動物の本来持っている自然性は、その形に現れており、その動作をすることで、人は失われた自然の力強さを手に入れることができるのです。

さまざまな問題を自然に解決できる

アメリカでは、アーサナのヨガが今、大ブームになっています。インドから伝えられたヨガですが、人はまず奇抜なヨガのアーサナのとりこになりやすく、また本質の教えは難しいので、真理が伝えられていないのです。誰もが最初の頃に入っていくのは、そういった体操のヨガであることが多いのです。

健康法としてヨガの体操をすることは、体がほぐれて心もほぐれ、関節がやわらかくなって、内臓もよくなる効果があります。ゆっくりとした動きなので、自分のペースでやれるというメリットもあります。しかし、ただそればかりでは、体に執着し、結局サマディには行かれず、また心の気づきもなく、それを熱心に続けることによって、逆にエゴが発達してしまうことにもなりかねません。本当は心と体の科学を深く知って、実行していかなければならないのです。

体をやわらかくするのには、どれだけの加減が必要なのか、何を得たいのか、ということを考えて、運動と心のあり方を知ることが大切なのです。

ヨガの知恵は、体操を上手に行ったり、人に勝ったりすることを目的としているのではありません。では何が目的なのかというと、さまざまな問題が生じてきても、それを自然に解決できる心身を作っていくものなのです。

ヨガで体と心を浄化すれば、真理が明らかになり、気づきが深まります。自分の体に対する執着がなくなれば、体が健康になり、あなたの能力を最大限に発揮することができるようになるでしょう。

根本から直していくことで、問題の解決法は自ずから湧き上がってきます。もし、ヨガを使わないで表面的な解決策を求めようとすると、その人によって性格も環境も違うために、十人いれば十人への回答が必要になってしまうでしょう。

さらに、ヒマラヤ秘教のアヌグラハの恩恵をもってすれば、単なるアーサナのみではなく、個別の癒しのテクニックについても、深いところから素晴らしい知恵が湧いてきます。目に見えない深いところから、心と体のバランスを取り、心身を浄化して解決に導かれていくのです。

立ち木のポーズの意味

人間には、いろいろな欲望があるので、心と体があちこちへ動き回ります。しかも、体がじっとしていると、心はいろいろな〝ゲーム〟を開始します。体を動かしているときは、体のほうに血がいき、意識もそちらに集中するので、頭の中は比較的スッキリしています。しかし、体を使わないでいると、心がいろいろと想像たくましく、遊び始めるのです。

そうした心をきちんと見つめ、一定の形（＝ポーズ）を取りつづけていくと、やがて内側が静まっていきます。そんな形の一つが立ち木のポーズ（ヴリクシャ・アーサナ）です。

木はただ立ち続けています。木には樹齢が何百年、いや何千年のものもあります。屋久島の縄文杉は、なんと樹齢七二〇〇年といわれる、神々しいまでの巨木です。

ヴリクシャ・アーサナは、そうした木のように立ち続けていく、精神を統一させるポーズです。心を落ち着かせ、全身のバランスをとり、精神統一の力を養う効果があり、ヨガの基本のポーズのひとつです。

インドの行者の中には何十年も立ち続ける修行をする人もいます。私が見た行者はあまりにも極端で、片方の足を組み変えることなく行っていました。そのために、片方は腐りかけていましたが、心は天国のようでありました。そうした行者はあるラインを超えて、もう体にとらわれないのです。また、ガンジス河にずっと立っている行者もいました。川の流れにとらわれず、倒されず、不動の心になるために。

■立ち木のポーズ

自分があたかも一本の木になったように、まっすぐに片足立ちします。

左足の膝を折り曲げて上げ、足の甲を両手にもって、右足の付け根におき、膝を開きます。

肩を下げ、あごを引き、胸の前で合掌します。

バランスを崩さないようにして、二十秒から一分間、その姿勢を保ちます。

終わったら、足を変えて、同様に行います。


どこかを目指して、あちこち動き回るのではなくて、立ち止まって心を平静にします。自分は今、ここにあるのだということを学ぶことによって、広く全体がおのずと見えてくるのです。

アーサナは動くメディテーションともなる

いくら人生で成功を収めても、仕事のしすぎで体がガタガタになってしまったら意味がありません。だからといって、何も考えずに、ただジョギングをしたり、フィットネスクラブへ行っても、それは体に多少の効果があるというレベルにとどまってしまいます。本当に体のために効果的なことをしようと思うのなら、自分の今に気づきをもちながら、エクササイズをすることが大切です。

従って、ヨガのアーサナについても、その動きに気づいていく必要があるのです。単にアーサナをするだけでも血行がよくなり、健康になりますが、ただゴリゴリとやっていればいいというわけではありません。

エゴを捨て、無になるための修行であるとみなし、気づきをもちながら動くようにすれば、それは動くメディテーション（瞑想）となるでしょう。すると、私たちの中に一体何があるのかということが次第にわかり、心身の調和がとれるようになるのです。

呼吸を整え、体と心を浄める——第四段階　プラナヤーマ

アーサナの次に行う第四段階は、呼吸を制御し、呼吸を整えることです。呼吸が乱れると心が

乱れますので、呼吸を整えて体と心を浄めていきます。また、呼吸により体に酸素が運ばれ、より細胞の新陳代謝が進み、体と心が浄化されます。

この段階のヨガは、呼吸によって生命エネルギーであるプラーナを調整するので、プラナヤーマと呼ばれています。

呼吸は意識的に行うこともできますが、私たちは常に無意識であっても呼吸をしています。心の乱れは呼吸の乱れとなるために、呼吸は内側の状態をよく表わしています。言い換えれば、呼吸は内側と外側、体と心の架け橋になるのです。

生命エネルギーであるプラーナの動きは細かく分かれて五つあり、それぞれ名前があります。それは物を上にあげるヴダーナ、生命を取り込むプラーナ、燃やす力と変容のサマーナ、エネルギーを下げるアパーナ、全身をめぐらせるヴィヤーナです。それぞれを浄め、強め、コントロールすることで、内側を目覚めさせ、浄化をし、真理を知ることができるのです。

このように、プラーナを調整していくという意味のプラナヤーマは、正しくは気のコントロールであり、調気法と呼ぶべきものです。また、これには呼吸が入口としてありますので、呼吸法でもあります。

この呼吸法やプラナヤーマは、気の流れが心にすぐに影響するだけに、また、呼吸は自律神経に通ずるため、気軽に行うと怪我のもとになりますから、注意深く扱っていく必要があります。やはりすべてを知るマスターにつかれるのがベストなのです。

ヒマラヤ秘教には、深くカルマを一気に浄めるヒマラヤ・クリヤ秘法があります。数々のその秘法のテクニックの伝授を受けると、素晴らしい瞑想を体験し、変容することができるのです。

見ても、とらわれない心——第五段階　プラティヤハーラ

第五段階は、プラティヤハーラです。これは、感覚を統制しコントロールし、心がとらわれないためのものです。「見ざる、聞かざる、言わざる」という言葉がありますが、まさにプラティヤハーラはそれにあたり、すべての感覚を浄め、心を動かされないようにして、不動な平和な心を保つことを目的としています。

ちなみに、日光東照宮の神厩舎《しんきゅうしゃ》の壁面に掲げられた、見猿、聞か猿、言わ猿の、有名な「三猿像」、その「不見、不聞、不言」の三諦、あるいは三徳は、仏教の天台宗の教えとして、日本に入ったといわれています。

さて、私たちには、目、耳、鼻、舌、皮膚という五つの感覚器官がありますが、この感覚器官を正しくしていく必要があります。

目は二つあり、耳も二つ、鼻の鼻孔も二つあり、それぞれバランスをとり、正しく機能させます。目の奥に視覚があります。耳の奥に聴覚、舌には味覚、鼻には嗅覚、皮膚には皮膚感覚があります。それらを浄め、正しく働くようにしていきます。

人によっては感覚が働きすぎ、敏感な人もいれば、感じることができなくて、鈍感な人もいます。どちらになるのでもなく、バランスをとることが必要です。目の意識、耳の意識、皮膚の意識、鼻の意識をコントロールして浄め、とらわれないようにしていきます。

ところで、見るものには好き嫌いがあり、聞く音にも好き嫌いがあります。匂いにも好き嫌いがあり、味覚にも好き嫌いがあります。そういった感覚の働きは何がいったいコントロールしているのでしょうか。

それは心です。なぜなら、心は感覚より外側のものではなく、内側のものだからです。私たちは心の欲望のままに、「見たい、見たい」と思ったり、また「聞きたくない、聞きたくない」などと思ったりして、感覚をコントロールしてしまいます。聞きたくない気持ちが高じて、やがて感覚の機能が働かなくなることもあるのです。

そうではなく、心を浄めて、あるがままに見たり聞いたりするとよいのです。心が無心になると、見ているけれども、心が動かされなくなりますが、しかし、とらわれの心がある場合は、それに対して怖いとか、美しいとか、もっと欲しいという心が働き、感覚もその心に応じて同時に働くわけです。

呼吸と気をコントロールできれば、心をコントロールできるようになります。正しい呼吸をすることで、体も浄まり、心も浄まってきます。呼吸は、欲の心で行うと、変なエネルギーばかりが発達して、かえってバランスを崩すということも往々にしてあります。

もちろん、呼吸をたくさん行えばよい、ということではありません。薬を飲み続けると効かなくなるように、それは効かなくなり、どんどんその刺激を強め、心のエゴが発達していきます。そして呼吸法自体が精神統一行ですから、呼吸を見つめると、それは気づきの修行ともなります。私たちの心の状態というのが正確にわかるのです。

たとえば、怒っているときは、激しい呼吸をしています。従って、あなたに怒りの気持ちが湧いてきて、人を傷つける言葉を吐きそうになってきたら、深呼吸をして、穏やかな呼吸をすることが大切です。そうすることによって、心が平静になります。

このように、呼吸によって心をコントロールすることができるようになるわけです。平和な呼吸を意識的に練習することによって、平和な心を持つことができるのです。

感覚の浄化と心の浄化

寒いヒマラヤで、ヨギが暮らしていられるのも、体と心をコントロールする術を知っているからにほかなりません。たとえば、体の右側のエネルギーはピンガラといって、体を熱くする働きがあるので、それをコントロールすることによって寒い場所で生きていけるわけです。

逆に、人間の体を永く保たせるために、イダーという、体の左側を流れるエネルギーをコントロールすることもできます。これは、体を冷たくすることで細胞の新陳代謝を鈍くするのです。

たとえてみれば、冷蔵庫に入れた肉、野菜が長持ちするのと同じ理屈です。ただし、あまり冷たくすると、心もコントロールしづらくなります。

ピンガラは太陽のエネルギーで、イダーは月のエネルギーです。そして、前にも述べたように、体の中心にスシュムナーがあります。それこそが中心のエネルギーの道であり、そこに生命があるのです。

普通には時にピンガラのエネルギーが働き、時にイダーのエネルギーが働きます。この二つは外のエネルギーであり、これによって人生は、ポジティブに働いたり、ネガティブに働くのです。

プラティヤハーラの中の、「進化した感覚を制御する」段階においては、目が開いて見えていても、心が動きません。それは、より自由になる、とらわれない状態です。プラティヤハーラによって、見てもとらわれない心、聞いてもとらわれない心、良い言葉だけを選択します。

多くの人は、たいがいは悪いことだけがポッと目に入ってきたり、悪いものだけを選択してしまい、否定的に考えてしまいがちです。そうならないためには、心そのものの浄化が大切です。心の働きにつながる感覚そのものを浄化し、感覚をコントロールすることができるようになると、すべて気づきをもって何を選択したらよいのかということがわかってきて、いっそう、気づきの心を発達させていくことができます。

感覚を浄めることで、本当の自由が得られる

浄化された心は、ジャッジする（裁く）こともなく、何も思うこともなく、平和な状態です。また、何かを一生懸命している時は、そのことに集中しているので、心は安定しています。

しかし、普通の人は揺れる心を持っています。自分が心のレベルにいると、悩みや心配といったマイナスの選択肢を選択してしまうのです。従って、今、悩みとか心配とかを選択しているなという時には、自分を中心のところに、そして無心のところに戻していく必要があるのです。

こうした意味で、最初のステップである、ニヤマの信仰が大切になります。純粋な存在を信ずることによって、宇宙の中心につながるのです。また誰もができる行為としては、まず自分を信ずることです。

さて、感覚器官というのは、とても性能の良いアンテナです。たとえば、講演会で、知らない人ばかりの中に、一人知っている人がいたりすると、その人だけがパッと目に入ってきます。それは、自分の方に磁石があって、合鍵みたいにパッと合い、あるものを一瞬のうちに引き寄せてしまうからです。

なぜこのようなことが起きるのかというと、私たちは目の機能のみでなく、その内側にある心の作用で見ているからなのです。何を引き寄せるかは、人によって、それぞれのカルマによって違います。そして、そうしたカルマが消えていくと、あなたはついには、何が入ってきても、と

らわれなくなるのです。このようにヨガを進めていくことで、次第に、本当の自由を得ていくことがわかります。

人はふだん、外のことを知るためのアンテナとして、目や耳、鼻、舌、皮膚などの感覚を使って、心が働いています。その感覚を閉じて、働かせないことによって、内側がどういうふうに働いているかという、内側の事実を見ていくことができます。

そして、私たちが内側に入っていくためには、ある期間、感覚にとらわれないように、感覚器官を休息させるとよいのです。そうすることによって、集中しやすくなって、精神統一行ができるわけです。

また、一つの対象を選んで、一つの感覚を使って、そして感覚を浄めるということが大切です。そのことによって、対象を正しくとらえ、他の感覚に振り回されずに、自然に集中することができるのです。

聖なるエネルギーと一体になる

ここで、「見ざる」を例にとって説明をしましょう。

本当にわかっていて見ないことと、何もわからないで見ないことはまったく異なります。

世の中が信じられずに、何も見たくないという人は、心の目を閉ざして見ないということもあるでしょう。しかし、それでは活動的なエネルギーが働かず、不活性の状態になってしまいます。

本当にわかっていて見ないというのは、それとはまったく違うものです。すべてが明らかで、エネルギーが働いているのだけれども、不要な時には使わないという状態なのです。

心には二面性があり、良い心と悪い心が必ずあります。良い心のまま、ずっといても疲れ、もちろん悪い心でいても疲れます。両方ともエネルギーが消耗します。悪い心を浄めるとともに、聖なるエネルギーと一体になって、心をあれこれ使わないで安らぐと、エネルギーを無駄に使わず、むしろエネルギーを充電して戻ってくることができます。

現代人の生き方は、ストレスによって、エネルギーが消耗することが多いのです。何かの仕事をしたら消耗するというのではなくて、座っていて何もしなくても、あるいは寝ていても消耗しています。ああだとかこうだとか、いろいろ心配をしていて、自動的にエネルギーが働いて、流れているわけです。時に寝ていてもぐったりすることがあるのです。心の掃除をしても、すぐさまいろいろな淀みが溜まってしまいます。

そのエネルギーの充電のために、「見ざる」、すなわち本当にわかっていて、見ていてもとらわれない、ただ見るという状態が求められていくのです。

それを実現するには、純粋な心で見て、さらに浄化を進めます。本当の自己から見ることによって、対象を切り離すのです。それは、高度の気づきの修行といってよいでしょう。サマディ・マスターは、それができる人なのです。ここまでくれば、プラティヤハーラにとどまらず、瞑想修行の範疇《はんちゅう》に入り、さらに悟りへの高度の修行へとつながっていきます。

精神統一で力を得る――第六段階　ダラーナ

呼吸法の次のステップである第六段階には、ダラーナという精神統一行があります。凝念と訳されており、英語でいうとコンセントレーションにあたります。

精神統一の力は、社会生活をより良いものにするのに欠かせません。私たちはクリエイティブな力を得て、いろいろなものをつくり出しますが、あらゆる仕事は、この精神統一の力によってなされているといっても過言ではありません。散漫な心、悩める心では、このことができません。

精神を統一する対象によって、私たちはいろいろな力を得ることができます。純粋なものに集中し、精神統一をすると、心が休まります。さらにそれが広がり、瞑想（メディテーション）になっていくのです。

インドの人は神やマスターに集中して、そこからパワーをいただくということに慣れています。子供時代から、宇宙の神のパワーを写した神像に集中することを行っています。愛をもってそのことを思うのは集中であり、バクティといわれる信仰です。シヴァやヴィシュヌといったインドの神々、あるいは悟りのマスターを信ずるのです。チベット仏教の人は仏陀や指導者であるラマを信じます。信ずる心は受け取る力です。それは揺れない心、成功する心をつくります。

彼らは嫌なことについても感謝をし、すべては学びであると受けとめ、また、嫌な人も神が送ってくれた学びの対象として、相手に手を合わせ、拝む気持ちで接するのです。すべてが神のはからいであるという、おまかせの気持ちがあるからですが、私たちもそうした力を、ヨガの集中によって、科学的に理解をともなって、得ていくことができるのです。

昨今、ＩＴ業界において、インド人がバテないで力を発揮できるのは、この信仰心が後ろ楯としてあるからだと私は思います。長年インド人を見てきた私にはわかるのですが、彼らの神経は非常に太く強くできており、明るくこだわらず、リラックスの仕方も上手です。

日本人の素晴らしさは、こだわりと繊細さにあるのですが、もっと楽に生きていくためには、そしてまたクリエイティブであり、繊細でもあり、かつ楽であるという、相反するものを手に入れるためには、オールマイティの力を得て、成功していくことができ、しかもすべてを知って、品格とクオリティの高さを得ることのできるヒマラヤ秘教のヨガの恩恵を受けることです。それによって最も楽にダラーナを行い、その信頼でさらなる夢が実現できるのです。

そして神を信じない人の場合は、まず外にあるいろいろな対象に集中するとよいでしょう。たとえば、海、水、像、太陽、月などの自然のものです。また、自分の体のエネルギーセンター、思いに集中するという方法もあります。

とはいえ、信じる信じないにかかわらず、すべては、神の力によって生かされているのであって、すべての創造物のその奥深くには、神がいるのです。集中はそれらの力を引き出すとともに、心の乱れを落ち着かせ、心を強くするものであるのです。

第七段階――瞑想、ディヤーナ、そして第八段階――サマディ

ヨガの第七段階は、瞑想、ディヤーナです。これは静慮と訳されており、英語のメディテーションに該当します。

このレベルまで進むと、精神統一をして、すべてそのものに成りきった時、すべてから放たれて自由になれます。完全に自由になって、何にもとらわれない人になっていくというステージが現れてくるのです。その中では、何にも結ばれていない、無心の状態にいるのです。ディヤーナは、中国では禅那と音訳され、中国風にアレンジされて禅となりました。

ヒマラヤ秘教のサマディ瞑想秘法は、心の煩悩を溶かして深い静寂を引き出す音の瞑想です。もう一つヒマラヤ秘教のクリヤ瞑想は、ヒマラヤ秘法のテクニックで、すみやかにカルマを浄化して深い瞑想に導き、変容させる、光の瞑想です。両方の瞑想によって、さらなる変容に導かれ、パワフルで自由な人になっていくことができます。

こうして最後には、ヨガの第八段階のサマディのステージに入っていくわけです。

ひと口にサマディといっても、それには段階があります。シディ、つまり超能力のサマディ

は、その対象と一体になり、そのものになりきっていくというサマディです。サンプラギャタ・サマディ、有種子三昧といい、思いと一つになるのです。

これに対して、真のサマディは、アサンプラギャタ・サマディといわれる、最終段階の無種子三昧です。煩悩を超えて、本当の自分自身になるということなのです。それは完全に自分の心や体を超えて、自分の真我（アートマン）に到達して、自由になるということなのです。さらに神となり、至高なる存在、スーパー・コンシャスネスとなり、さらにナッシングネス（無）、無念無想、ムクシャになるのです。完全なるエンライトメント（覚醒）になるのです。

本当の自分になるために

高いレベルの、真のサマディこそが、真理になり、真の自己を知り、アートマンになるための唯一の道であり、悟りへの道です。真理になること、つまり魂そのものになると、サンスクリット語でアートマンと呼ばれる存在になるのです。アートマンは真我、あるいはビーイング、存在、セルフなどとも呼びます。

それを超えると、パラマ・アートマン、ハイヤーセルフ、神意識になり、さらにそれを超えると、スープリームセルフ、ブラフマン、超意識（至高なる存在、神）となっていくのです。

究極的にはナッシングネス――これが真の悟りです。サマディの中で悟り、リアライゼーション（覚知、悟り）が起き、エンライトするのです。サマディは真の悟り、エンライトメントへの道です。

それを得るには、まず自分の内側に入り込み、自分がいったい誰なのかを知ることが必要です。体、心、仏性の一つひとつに気づき、体験し、それを味わって悟るのです。さらにその一つひとつを超え、真理に到達します。段階を追ったアヌグラハ・ディクシャと、段階と気質、体質に応じた各種の瞑想秘法の伝授を受け、心身のエクササイズをしていくことで、すみやかに向かうことができる境地です。アヌグラハとは神のグレイスであり、サマディ成就者を通してのみ起きるものです。

非公開のヒマラヤ秘教

ヨガの八段階は、真理を知り、内側を変容させ、内なる美しさを作り出すヨガであり、サマディへの道です。サマディへの道、悟りへの道、そしてヨガの神髄であり、それは多くのシッダーマスター、悟りのマスターを生み出すヒマラヤ秘教にあり、いまだ非公開です。

古来、マスターから信頼できる弟子に、まず最初にアヌグラハグル・ディクシャというイニシエーションが伝授されます。するとシャクティパットという、マスターによって与えられたエネルギーを通して、心と体とスピリットのすべてが浄められ、バランスが取れます。その伝統を受け継ぐヨギはヒマラヤにあっても数少なく、誰にでも教えることができるわけではありません。その秘教に私が出会い、さらに困難な道であるサマディに達したことは、奇跡としか言いようがないことでした。

常に繰り返されるこの宇宙生成の道を遡《さかのぼ》って、創造のエネルギーの源に還り、真理を知り、創造の源の力、生命力を得ること、それがサマディへの道であり、体の生成のプロセス、心の生成のプロセス、すべてのプラーナのコントロール、仏性の生成のプロセスと、それぞれの生成のプロセスを逆に体験し、本来の純粋な存在に還ることで、エンライトするのです。

マスターなしに、この道を進み、ヨガの真の恵みを受けることは不可能であったのですが、今ここに、ヒマラヤ秘教の秘密のヨガがサマディヨギによって受けられるチャンスが訪れたのです。そして、サマディヨギからの、すみやかにすべてを浄化し整える、アヌグラハのパワーを受ける機会があるのです。

私は、自分の人生の役割として、社会が良くなり、世界が良くなるために、そして人々がお互いに助け合い、良い人となるために、人々の内側をすぐさま浄め、目覚めさせ、ダイレクトにその人を本当の自分につなげる行動を実践しています。

本当の自分への道からは、すべての願いが簡単に叶えられていきます。ヨガの教えは単なる美容健康法ではなく、悟りの科学であり、生命の科学、生きる科学、成功の科学です。それは、あなたを実際にハイヤーセルフに達せさせる科学です。調和と愛と成功をあなたの人生にもたらすのです。

自分の体を変えられる

本来のサマディに至る道は、容易なものではありません。マスターがいなければ、とうてい叶う道ではありません。

とはいえ、サマディとは、私たちの身近に、その片鱗をうかがい知ることができるのも確かです。それは毎日、起きていることですが、何だと思いますか。

じつは深い眠りです。

昼間、太陽の光によって私たちのエネルギーが活性化して、私たちは元気に生きています。夜は、月の光によって、静かにクールダウンして眠りに落ちます。眠って充電されているのです。

このように、生きることと死ぬことは、毎日起きているのです。朝、目覚めて、元気よく一日を暮らし、夜寝て、深い眠りに落ちて充電して、また目覚めるわけです。その深い眠りが一種のサマディになります。そのとき純粋無垢となり、神にタッチするのです。そして再び再生されて甦るのです。

もちろんサマディは、無知の眠りではなくて、覚醒した眠りです。ですから、眠っているようでいて眠っておらず、覚醒しているわけです。

私たちが自分の体と一体になると、自分の体を、大きくすることもでき、小さくすることもできます。空気のようになることもでき、また水のようにも、火のようにも、風のようにもなります。そして、全てを超え、本当の自分に還り、さらにそれを超え、神と一体になることもできるのです。

心の中には、いろいろなエネルギーがあります。さまざまな心があり、その心を知り尽くしていくと、それが浄化になります。さらに、その奥には魂があり、すべてを超えた根源に、愛そのものがあり、あなたは愛そのものになることができます。それらはすべて、ヒマラヤ秘教の瞑想を通して体験していくことができるのです。

そしてあなたはサマディを得て、本当の自分になるのです。そのプロセスで、心と体をコントロールすることができ、生命エネルギーを得て、自由な喜びに溢れた成功を手に入れる生き方となっていくのです。

第6章

宗教から超宗教へ

――ヒマラヤ聖者と仏陀とイエス・キリスト

苦しいときの心のよりどころ

歴史の中で、また世界中に、常に宗教は人々の中にあります。すべての国にはその国の宗教があって、人間の生活に、ある規律を与えています。それは人間性を教え、お互いに助け合うことを教えています。そしてお互いを理解し、社会と国と個人に責任を持つようにするのです。人間は常に不安であり、そこに宗教は生まれ栄えます。宗教にはそれなりの効果があるからです。見えない存在の大きな力を信ずることで、そこからパワーを得るのです。宗教は国を守り、人々に人生の安全を与え、この世界を超えた世界があるという希望を与えているのです。

多くの人が現世利益を求めて、お参りに行ったり、祈願をしています。熱心にお百度参りをしている人もいます。昔から人々は、岩や山、神社、仏閣、教会など、人々が崇める、聖なるスポットや建物を設けました。また、いにしえの聖者が、十字架や仏像、マンダラ、イコン（聖像）などのシンボルを、心のよりどころとして示してくださったのです。

日常のいろいろな変化に対して心が騒ぐ時には、神や仏を信仰することによって、心を落ち着かせ、安心を得たのです。すべての宗教にはそうした信仰の対象があり、それを信じることは、心に平和をもたらし、苦しみを取り除いてくださるのです。

人が苦しい理由は、ひとことで言えば、無知であるからです。自分はいったい何のために生きているのか、何をやっているのか、わかりません。それを知るまでは、不安でたまらないのです。

ところが、この目に見えないすべてをわかっている存在、すべてを創り出す知恵とパワーの源の存在があり、あなたがそういうものにつながっていくことができれば、どうでしょう。曇りが解けて、生きることが楽になり、豊かな人格の持ち主になっていくのではないでしょうか。

さらに、仏陀やキリストのような、すべてを知っている存在に対して、安らぎを感じ、自分自身もそのように意識を進化させ、成長したいと思うようになるわけです。

精神的教えの、やらねばならぬという強迫観念

私がヨガに触れた頃、宗教には親しむことができませんでした。

確かに、私の周囲には、精神の学びをしていると称する人が現れて、「みんなに愛を」「親切を積極的に行いましょう」「この世に天国を」と一生懸命に説いていました。そして、それを聞かされている人だけでなく、そう口に出している人も、非常に心が元気であり、親切でもありまし

た。

でも、それは本当に内側からの、自発的な愛でやっていたのでしょうか。私には、よくなるための競争であったり、立場上やるべきだ、という義務感に基づいているように感じられました。場合によっては、何々せねばならぬ、という一種の強迫観念にさえ見えたのです。

そうだとすると、「いい人にならなければいけない」といった、強制に近いプレッシャーのために、みんな疲れてしまいます。無理に自分の気持ちや本音を抑えたり、曲げたりすることにもなります。生命力に溢れていて、自然な愛に溢れていたら、おのずと愛を与えたくなるものですが、頭だけで「いい人になろう」と無理して頑張ろうとすると、心のエゴを強めてしまい、心がもたないのです。

本当の幸福とは、心を理想に向けて調教するのではなく、自ら気づくことによって、心の働きから自由になることなのです。

たとえ、道徳的な修養を積んで博愛の人になるために、宗教に帰依するのだといった、高い志があっても、内側からその思いが来たものでないのなら、そこには無理があります。

人は内側を浄め、本当の自分になっていかない限り、本当の愛が現れてきません。ただ本で学んだり、誰かから聞いて思い立っただけでは不十分なのです。それのみでは心の働きであるため、やがて疲れてしまうのです。

仏陀（釈迦牟尼）が追究したこと

ヒマラヤの聖者は、心の内側のメカニズム、すなわち、どうしたら安らぐのか、どうしたらとらわれないのか、どうしたら幸せになれるのか、ということを熟知しています。そうしたすぐれた聖者の教えを得て、真理を悟ることのできたのが仏陀です。

仏陀は、紀元前五〇〇年頃、インドとネパール国境沿いの小さな王国、シャカ（釈迦）国に生まれました。ゴータマ・シッダールタという名の王子だった仏陀は、生まれて七日目に母マーヤを亡くします。仏陀は、幼いときから自分を探索して、どうしてこのように人生は苦しいのか、真理を知りたいと思っていました。しかし、修行をする自由がなかったため、学問を続け、十六歳のときに結婚して一児の父親となります。ところが、二十九歳になって真理を知りたいという気持ちを抑えることができず、王城を脱出して出家の旅に出たのです。

古来より、インドには、そういう悟りをめざす人々や、神に会いたい人々が、出家をして修行をするという、社会的に許された習わしがありました。

仏陀は、どうしたら苦しみから解放されることができるか、どうしたら病から解放されるか、その真実を求め、ヒマラヤの聖者を訪ね、修行をしました。それぞれのマスターによって修行法が違い、最初は呪術的な修行にも入ります。断食をして体をいじめるような、かなり荒っぽい修行もされたといいます。

それこそ、最初は手さぐりだったのですが、最後には、そういうものを全部はずして、純粋な修行に入っていかれました。それは悟りの修行であり、究極のサマディの修行だったのです。

その場所は、死んだ人を天国に送る場所として知られるガヤー村（後に仏陀が悟った地としてブッダガヤと呼ばれるようになります）でした。菩提樹の木の下で、今この場にとどまり、真理を得るまでは、もう何が起きても動かない、死んでもかまわないと決意をされ、瞑想に入ったのです。

仏陀は最後に真理を悟られました。究極のサマディを得たのです。瞑想によって悟りを得て、本当の自分になったのです。ただし、ニルヴァーナ（涅槃）に没入すると、もうこの世界には戻ってこられませんので、ニルヴァーナを垣間見たといったほうがよいでしょう。

それは仏陀が三十五歳の冬、十二月八日の未明のこと。悟りを得て（それを成道といいます）、戻ってきました。そして人々に、次のように説くようになったのです。

「心によって原因が作られ、それが縁によって、結果となって現れる。人生はその因果、因縁の中でぐるぐる回っている。従って、良い心を持てば良い結果が生まれる」と。

また、慈愛、慈悲の尊さを伝え、とらわれない心、無心の大切さを説かれました。この世のすべては心が創りだした幻想であり、私たちの心の中をずっと探していくと何もない、ということを教えました。そして、人々が深い慈愛そのものになって生きていくことの大事さを伝えられました。それらは多くの経典になって、現代に伝わっています。

瞑想からサマディへ――キリストの場合

仏陀から約五百年後に、ガリラヤのナザレに生まれたイエス・キリストもまた、「敵を愛し、あなたがたを憎む者に親切にしなさい」（ルカ伝）という言葉で知られるように、人々に愛と智慧と奉仕を伝えました。

キリストは、荒野で四十日間、瞑想をしたと言われています。キリストが修行した歴史的な証拠があると言われる場所が北インドにあると聞き、私はその地、ラダックにあるお寺に行ったことがあります。

キリストという偉大な魂もまた、懸命になって真理の道を歩み、気づき、そして本当の幸せについて人々に説いたのです。

キリストの言葉の一つに、「心の貧しき者は幸いなり。天国はその人のものなり」（マタイ伝）というものがあります。「貧しき」という字面を眺めると、「心が卑小な」「心が狭い」と錯覚しがちで、多くの人はその意味が不明のため、とまどうことでしょう。

しかし、本書をここまで読み進んできたあなたは、きっとおわかりになると思います。これは、「心の驕りや、とらわれや、虚飾や、さまざまな欲望を捨て去ることのできた、謙虚な人」という意味なのです。

キリストは三年間の布教活動をした後、エルサレムの郊外にて、三十三歳で十字架に掛けられて死に、三日目に復活をされたと言われています。この「死と復活」という事実は、まさにサマディに入ったことを表わしているのだと私は思います。甦りという奇蹟を生じて皆が救われ、その教えが世界に広まっていったわけです。

こうして、ヒマラヤ聖者の教えの中に仏教が生まれ、ヒンドゥー教が生まれ、キリスト教が生まれてきたわけです。

宗教を信じることがもたらすもの

仏陀、キリストの教えは、今日までずっと生き続け、聖書や仏教の経典は今も広く読まれています。人々の信ずる力、信仰はじつに強いものです。世界中に立派な建築物の寺院や教会が建っていることからも、それがわかります。

しかし、残念ながら、宗教は世界中で、古来より争いや戦争のもとになってきたこともまた事実です。その本来目指すところ、そしてその到達点は同じであるにもかかわらず、形にとらわれ、お互いに「自分たちの教えが素晴らしい」と思い込んで、宗教戦争が引き起こされたのです。

人は皆それぞれ考え方が違うのは当たり前なのに、純粋性を求めようとして、逆に争いが生じてしまうのです。ときには、組織を大きくするための争いさえありました。

さまざまな宗教があり、それらは、信仰してパワーをいただくとともに、道徳的な教えを勧めます。社会の中でお互いに尊敬し、思いやっていき、より良い生活を得ていくことは大切です。一方、人は教義が絶対であると思い、その言葉を信じ、そのように生きようとします。

それは、心を強める修行でもあり、時にそれにこだわり、私は知っているというエゴの肥大を招き、他を受け入れないという傾向を生じさせることがあります。

真の幸福を得るためには、まだその先があります。心を自由にしていく必要があるのです。物事を頭で理解するのみではなく、真理を本当に知って、意識を進化させていくことです。自分の内側に入り、実際に心を浄め、変容し、心と体を知って自由となり、さらには超越して、本当の自己を知り、神と一体になっていくことです。

これまでは、それは不可能であったのですが、今、その道が、ヒマラヤ秘教によって示されているのです。

確かに、宗教というのは、神仏に対する信仰の尊さを説き、感謝の大切さを人々に知らしめる、素晴らしい教えです。多くの人々が良い教えを心に刻み、心を強め、救われています。心の発達は社会での成功につながります。ここにさらに、真にクオリティの高い変容の道があるのです。真理の道を歩むため、ハートを開き、本当の自分、さらには神とつながり、すべてのとらわれから自由になっていくのです。

自分が目覚めていくことが肝心なのです。自分自身を信ずるのです。自分のカルマを信じます。自分が覚者になり、自分の内側の宇宙を知り尽くして、自己の内側を変革し、心の幸福から、絶対なる幸福を得るのです。実際に真理を体験し、悟っていきます。心と体を超え、自分が自分のマスターになるのです。

その実践の道は本来厳しく、その道に触れることができるチャンスのある人は、ほんのわずかでした。あったとしても、何生も何生も修行を行わなければ達せられない道でした。この道は、純粋かつ高度な教えであり、その昔、学識のある人々のみが求めた、本当のセルフ・リアライゼーション（自己実現）への道であり、すべての宗教を生み出した、源の教えなのです。

神を知るためには、まず自分自身を知ってこそ、はじめてそこに行くことができるのです。それは、すべての人のための、宗教を超えた教えであり、いうなれば超宗教なのです。

その悟りへの道も、すべての宗教が高い目標として掲げていると思います。それを実際に最速で起こしていくのが、私の出会ったヒマラヤ秘教なのです。

口伝として伝えられてきた、ヒマラヤの聖者の教え

ヒマラヤ秘教とは、五千年以上の昔、ヒマラヤの聖者たちが命をかけて真理に出会い、その教えが師から弟子へと、口伝として個々に伝えられてきたものです。

しかし現在、その伝統は消えつつあり、本物のサマディヨギは、ヒマラヤにおいてもわずかで

あり、下界に下りてはきません。グル（精神指導者）あるいはマスター（師匠）と称する人たちは多いのですが、残念ながら実際に本当の真理に達した人はほとんどいないのです。

ヒマラヤをずっと探し回っても、真理を知ったサマディヨギに出会うということは、ふつうなら一生かかってもありえないのです。しかも、そうしたヨギに出会ってブレッシングを受ける機会があったとしても、本人の資質やカルマが備わっていないと意味がありません。

今、インドにおいても、サドゥと言われる修行者が数多くいますが、ほとんどは悟りまで求めません。出家した時点で、多くのとらわれが外れて、それなりに楽になるために、修行者という自由な生き方を楽しんでいるというのが現実です。その中で、悟りまで達する人は少ないのです。

インドでは、昔は国王や王族とか、バラモン（婆羅門、司祭）という知識階級の人だけが悟りたいと願ったものです。一般の人は神さまを尊び、信じ、そのブレッシングでより良い生活を願い、自己の悟りは求めませんでした。現に、仏陀も王子でしたし、パイロット・ババジも王族の出身です。真理を求める悟りの道というのはそういう人たちが選んで歩まれた道なのです。

一般の人は、寺院や神殿を巡礼することを修行と考え、ガンジス川の沐浴だけで感謝している人も多いのです。サマディの修行をして、自分の体と心を超えたところにある神を実際に体験していく人はほとんどいません。

そういう中で、じつは現代の日本人ほど、悟りを開いて変容を遂げる条件が揃っている国民はないといってよいでしょう。すでに物質文明は成熟し、教育を受けた知識階級が多く、しかも仏教の土壌により禅の精神や仏陀の教えがカルチャーとしてあります。さらに、古い伝統に縛られず、新しいものを受容する心を持っています。

日本人は、世界で最も意識を覚醒することのできる、成熟した民族としてあるのです。そうした中で、私という、ひとりの日本人が、ヒマラヤ秘教を日本に運んでくることができました。まさに日本人こそが、この地球を救うための条件を兼ね備えているのです。

いま地球は温暖化が進み、環境の悪化と生態系の異常は目に見えて進んでいます。そんななかで、これ以上の悪化を食い止めるには、多くの人がヒマラヤ秘教により浄化され、自然に大いなる潤いをもたらす瞑想者となり、悟りの人にならなければなりません。

たとえ悟りの境地に至らなくとも、それを意識して実践を始めることで、この地球は救われていき、そのプロセスで自分を癒し、内外ともに楽で豊かな人生を歩むことができるのです。日本人こそが、それを行う先達となる役割を与えられているのです。

どういうマスターに出会うかが大切

ヒマラヤを探し回っても、真理を知った聖者に出会うことは難しいと私は書きました。悟りへの道をガイドできるのは、それを実際に体験し、サマディに達した真のグル、サマディヨギだけです。指導者の選び方を間違えると、一生を棒に振ることになりかねませんので、注意してほしいのです。

実際、現代のインドに行くと、さまざまな修行者に出会います。クンムメラという聖者のお祭りでは、そうした人たちが一堂に会します。クンムメラは、十二年に一度、一ヵ月ほどにわたって行われる大スピリチュアル・イベントで、ハリドワール、アラハバード、ナシーク、ウジェインという四大聖地で順々に開催されます。前回は二〇〇七年に、アラハバードで開かれました。そこでは、多くの聖者や巡礼者とともに、一般の人々も参加し、川で沐浴します。そこには、それぞれのグルの仮設の道場がたくさんあります。あまりに数が多くて、どの人が本物なのか、誰についていけばよいのか、皆目見当がつきません。

あるグルは頭の上に火の鍋を載せていなさいと言い、あるグルは灰を塗りなさいと言います。すると、ヒッピーのような西洋人は勇気があるので、すぐに弟子入りして、身体に灰を塗って裸になって暮らしたりします。

本当の自分に還ることこそが真理である

インドには、神様の生まれ変わりと称している人もいます。本当に生まれ変わりかどうかは不明ですが、ビシュヌ神の転生（インカーネーション）とか、マイトレーヤ（弥勒）という未来仏の転生であるといいます。また、キリスト、あるいは他の過去の偉大な聖者の生まれ変わりという人もいます。人は、対象としてある神に実際になることはできません。それは違うアイデンティティです。

セルフ・リアライゼーションを得て、神性なる、神の分身の魂になることはできるのです。しかし、自分が何々神の生まれ変わりというならば、それは心の働きであって、真理ではありません。真理は、心が「対象としてのいろいろな神」になるのではなく、自分の根源の存在、本当の自分に還ることなのです。自分の中に神はあるのです。

神の悟りは、自分を浄めていくことを通じて、自分の中にあるもので、それは、すべての源の存在に実際になっていくことなのです。けっして、心の思い込みではないのです。

ただインドの人は神に出会い、神からのブレッシングを受けることを望みます。

また、クンムメラに集う修行者たちが、みな本質の自己に還る、死を超える修行をしているわけではありません。クンムメラでは、何十年ものあいだ、川のそばで鶴のように片足でグーッと立ったままの修行者（サドゥ）がいました。体をアンバランスにしてまでも、それにとらわれず神を信じ、その状態になりきっているのです。

私がヒマラヤの奥深い聖地バドリナードにて見た修行者は、右腕をあげたままでいる修行を二十年間続けていました。右腕は木の枝のように細くなり、爪が何十センチも伸びています。ずっと腕をあげていると、おろしたい思いが生まれる。その心がなくなったときに、心を超えられて、そのとき何かが起こるというのです。

服を着たり脱いだりするのも大変だろうと思うのですが、その修行者はグルからそういう修行法を教えられたというのです。天使のような純粋な笑顔が印象的でした。

このように、どういうマスターに出会うかによって、修行者はその後の修行がまったく変わります。食事を何年もとらない人や、針の山の上に寝ている人もいます。細いロープでトラックを引っ張るというパワフルな修行者もいるのです。

さて、サドゥの中にヨガを少し行う人もいますが、インドにおいてはヨガの本質の修行を行う人や、サマディを行う人のことをヨギと呼び、それは一つの尊称なのです。

それは暗闇から光に導く存在

前述したように、グル（精神指導者）の「グ」は暗闇、「ル」は光という意味です。暗闇から光に導く存在がグルなのです。

人はみな光から生まれてきました。しかし、心というものを持っているので、それが曇ってしまったのです。心が働きすぎると、曇ってくるからです。そこで、心を超える悟りへの道をガイドするためにグルが必要となります。

では、どのような指導者について修行すればよいのでしょうか。それは、実際にサマディを体験した真のグルであるサマディヨギ、すなわちサダグルです。サマディヨギは、命の根源の生命科学について本当に知り尽くしている人であり、インドでは大変尊敬されています。

あなたにはその真のグルに出会い、真理とつながっていただきたいのです。そして、次には、あなた自身がすべてを超え、すべてを知る人になるのです。

そういう内側を実際に変革する修行が、ヒマラヤの秘密の教えであり、本当のヨガ、秘密のヨガなのです。それは体、心、魂のレベルを浄め、サトル（微細）の波動に変容し、本質のレベルに到達していきます。心と体と、さらには魂さえ超えていく秘密の教えなのです。それはヒマラヤの聖者が長い間培ってきた膨大な秘法なのです。

インドには、本当にさまざまのマスターがいて、いろいろな教えのスタイルがあります。たとえば、バクティ・ヨガという伝統ヨガを教えるマスターは、神を信じること、愛することで、悟りを目指すように言います。バクティ・ヨガは基本的にあまり体をかまいません。すべては神が与えてくれるものと見なし、たとえ病気でも神のプレゼントとして受け取るのです。そして、とても幸福に感ずるのです。

積極的に歌や踊りを取り入れているマスターもいます。ヴァジャンと呼ばれる神話を歌うマスターには、多くの信者を集め、大きな神院を持っている人がいます。確かにインド人は、そうした神話に関する、節のついた歌を、長い間座って聴くのが好きです。神への愛が強いのです。

あるいは身体の動きと呼吸を尊ぶハタ・ヨガを教えるマスターもいます。このように、マスターの資質によって、スピリチュアルないろいろな道があるのです。

ヒマラヤ秘教は八段階のヨガを含み、シッダーマスターのサマディヨギによる、知恵のパワーの直接の教えであり、人生をより楽にし、豊かな成功に導き、本当に悟るための道を示しています。サマディヨギの直接のアヌグラハのブレッシングで、すべての人が安全に楽に進化ができる、多くの奇跡を生む道です。多くのヨガが小乗の道であるとすると、それはさらに愛に満ちた大乗の道も示しているのです。

修行の安全な、ヨガの基本行

本来ヨガとは、カルマを浄化し、内側の本質の美しさ、心と身体のインナー・ビューティに導くものであり、変容からそれを超えた、悟りへの道、サマディへの道となるものです。たとえ、ヨガを始めた動機がダイエットをしたいということであっても、結果的に自分の内側を本質的に磨くことにつながりますから、やがて、その価値がわかってくるとよいのです。より深いところに効いていき、意識が進化して、心も楽になり、美しくなっていくのです。

ちなみに、世界にヨガを普及させていった先達としては、スワミ・ヴィヴェカーナンダ（一八六三－一九〇二）や、パラマハンサ・ヨガナンダ（一八九三－一九五二）などが知られています。彼らはアメリカやヨーロッパなどでヨガをキリスト教的にアレンジして伝道し、アメリカの中で生き延び、普及させました。ヴィヴェカーナンダは岡倉天心にも大きな影響を与えたと言われています。

さて、インナー・ビューティを得て、サマディに行く道で、もっとも大切であり、最初に行われるのは、ディクシャというイニシエーションです。まずマスターによって与えられるサマディ・パワーのシャクティパットのエネルギー伝授と、秘法の伝授のためのものです。

ヒマラヤ秘教のディクシャは秘密であり、パワフルで、他のグルの行わない特別な儀式であり、あなたのカルマを浄め、ダイレクトにあなたの根源の存在への扉を開いて、目覚めさせるのです。

ディクシャには入門ディクシャ（グル・ディクシャ）、マントラ・ディクシャ、アスパース・ディクシャ、シャクティパット・ディクシャ、クリヤ・ディクシャ、クリパ・ディクシャ、サンスカーラ・ディクシャ、ヒーリング・ディクシャ、アヌグラハ・ディクシャ、サマディ・ディクシャと、その他のいろいろなディクシャがあり、アドバンス（上級）ディクシャなどのプロセスを通して、伝授して浄めるものです。あなたは最速で進化し、変容することができます。

入門のディクシャの儀式において、別に瞑想の秘法となるマスターからの聖なる波動のマントラを伝授され、弟子となって、マスターとつながります。その波動によって、心を安全に、効果的に浄化していくことができ、しかも守られるのです。その聖なる波動にはいろいろな種類があり、マスターからの基本的な波動と、目的によって使い分けるものとがあり、それぞれが、その人に合ったものを、修行のレベルによって順次伝授され、進化できます。その働きで心身を浄化していくのです。

その聖なる音の波動は貴重であり、神のパワーを持ち、一生安全に守護神として人を守るとともに、心を浄化します。音の波動とは、言葉にまだならない、言葉になる前の音と考えればよいでしょう。

音の波動のすべては、太陽と空間から生まれます。何もない空間に太陽光線が当たることで、波動が生まれます。そのバイブレーションが聖なる音の波動に変わるのです。じつは、体の中にも同じシステムがあります。体内の光と音のエネルギーが、音の源（種の音）をつくっており、それがマントラの波動とうまく共鳴することで、心が浄化されていくのです。

最も重要な根源の波動

波動のなかに宇宙の根源の音、サウンドのエネルギーがあります。

すべての源の音であり、それらは純粋エネルギー、活動的なエネルギー、暗性のエネルギーです。これらは、サットヴァ、ラジャス、タマスといわれる三つのエネルギーを示しています。

聖なる波動は、この三つの次元から来るのです。それらはすべての言葉の源であり、すべての理解の源の音なのです。至高なる存在の音と言い換えてもよいでしょう。

この三つの、純粋なエネルギー、活動のエネルギー、不活性のエネルギーは、それぞれニュートロン、ペトロン、エレクトロンのエネルギーです。それぞれ違った部分を活性化させ、浄化する働きがあります。

このように、いろいろな聖なる音の波動があり、それぞれのセンターをもち、それが集まっているものがマントラであるわけです。

すべてのエネルギーは根源の力をもっており、それぞれが神にあたります。たとえば、男性のエネルギーと女性のエネルギー、男女の合わさったエネルギー、あるいは、知恵のエネルギー、富のエネルギー、行動のエネルギー、涅槃のエネルギー、創造のエネルギー、力のエネルギー、癒しのエネルギー、才能のエネルギー、といった具合です。それぞれは神々のエネルギーなのです。

サマディマスターはその特性を十分に知っており、さらにアヌグラハのパワーにより、さまざまなところを浄化し、活性化させていく術を心得ています。そのパワーは宇宙空間にも届き、体の根源にも届くことで、いろいろな次元を変容させていくのです。

その人に合った波動を用いてどのように修行するか、どのように瞑想するかは、マスターがすべて理解しています。マスターはその波動にパワーを与え、あなたのカルマを浄化し、あなたにパワーを与えるのです。

聖なる波動によって浄められる

聖なる音の波動は神であり、根源の存在の音です。そうした聖なるエネルギーにあなたがチャンネルを合わせて、集中し、気づきをもってそれを広げていくことによって、あなたのカルマは浄化され、さらには体と心が浄化されます。そして思考のもとは音であり、このマントラ、聖なる波動によって、思考は浄化され、あなたは思考から離れることができるのです。

離れた思考は行き場を失って、ふらふらすることでしょう。すると、それらは聖なる音の力や、あなたの見つめる力によって、それぞれの源に還り消えていくはずです。

怒りの思考を例にとってみましょう。もし、あなたが怒りと一体になっていると、怒りのうちに巻きこまれてしまい、何がなんだかわかりません。ところが、ああ自分は怒っているなあと気づいて、聖なる波動に意識を向けると、その根源の音の力によって浄められるのです。

このように、聖なる波動の瞑想法は、体とともに内側の心を浄化させ、変容させていく働きをします。そうした瞑想法を長い間コツコツと続けていくことで、あなたのクオリティは明らかに向上していき、やがては遺伝子レベルから組み替わるほどの、細かい部分にまで浸透していくことでしょう。

ヨガの体操は血のめぐりをよくします。しかしポーズを行っただけでは、心が浄まることはありません。心の気づきと心の浄化を進め、変容をさせるために、この根源の波動は良いエネルギーをつくり、強力な働きをするのです。

マントラはお守りになるとともに、最も安全に力強く変容をもたらすものであり、子供から老人まで、体の丈夫な人から弱い人まで、誰にでも向く、すぐれた瞑想法です。やがては、あなたをサマディに導くことから、サマディ瞑想ともいいます。

この聖なる波動であるマントラは、マスターからディクシャという浄化のプロセスの科学的儀式を通して伝えられることで、さらにパワフルに変容するのです。

あなたに贈る、聖なる波動

私の祈りはあなたの成功のためです。

私の祈りはあなたの家族の健康のためです。

私の祈りはあなたの家族の幸福のためです。

私の祈りは世界の平和のためです。

私の祈りはスピリチュアルな成功のためにあります。

私の祈りはあなたの真の幸福、本当の自分に出会う、悟りのためにあります。

神のグレイスがあなたに届きます。私はあなたとともにあります。

人生は最も美しく、人生は最もダイナミックです。

あなたには豊かで美しい人生があるのです。

なぜなら、あなたのこの生命と人生は、神から与えられたものであるからです。

あなたの内側には、隠された神秘で不思議な世界があるのです。

私はあなたのそれを目覚めさせるため、進化させるために、ここにいるのです。私はヒマラヤから来たのです。

私はディクシャを伝授して、目覚めさせます。アヌグラハのクリヤを伝授します。

アヌグラハ・ヒマラヤ・サマディ・プログラムは、あなたに真の幸福を実現させます。それは科学的な方法で確実にあなたを変容させ、より良い社会、より良い世界をつくります。

人生を成功させます。平和をつくります。

考えを浄化し、すべての人々がクリエイティブな平和な心となります。

自分の環境を内外ともに浄化し、クリエイティブにします。

そしてあなたは健康を得、家族を助けます。

純粋な心、純粋な体を得、すべてを助けます。世界を平和にします。

信仰の道、愛の道の教え

ヨガの修行には、愛の道、信仰の道というものがあります。インドにおいては、まず初めに信仰があるのです。衣食住の生活とともに、信仰の土壌があると言ってよいでしょう。人をはじめ、すべては、神様という見えない力の存在によって、生かされていると考える信仰の土壌があるのです。

インドの人はいつも神様と一緒に生きていますから、不安がありません。その上で、神に本当に出会いたい、神のように自由で力強い愛の存在に近づきたいと願い、永遠の幸せを求めて修行をしていくのです。

ヒマラヤ秘教の場合も、またインドのヨガも、まず神を信じて行うものです。そして、マスターを信じます。そこが始まりとなります。

正しいグルにつかずに、自己流でいきなり呼吸法やプラナヤーマ、瞑想を行ったりすると、パンドラの箱を開けたように、すべてがむき出しとなります。そして、猜疑心が強くなったり、まだ浄まっていないエゴの心が強められたエネルギーと一体となって増幅し、生理的、心理的に不安定になってしまいます。このように、エネルギーがカルマに翻弄されて危険なのです。

修行者の場合は神を強く思い、マスターを通して神とつながるわけです。ヒマラヤ秘教は加えて、アヌグラハのブレッシングをいただき、楽に成功に導かれ、悟りの道を歩めるものです。

一般の人は、神様を愛するだけで幸せです。たとえば、インドの人の中には、とても太っていて、体のあちらこちらが痛そうな人もいるのですが、あまり体のことを気にしません。神様が痛みを与えてくださるのだから、それもありがたい、すべては神の思し召すままにと受け止めて、何があっても、神様に感謝するのです。

そうした考えを基本に据えたヨガを、前述したように、バクティ・ヨガといいます。これはまさに、愛の道、信仰の道です。

インドの人は、誰もがこの信仰の道、愛の道の教えを実践しているのです。その上に立っての悟りの行であり、ヨガの行なのです。ですから、すべてが安全に、肯定的に導かれています。

体験談

家族でディクシャをいただいて

東京・四十代、主婦

ヨグマタのダルシャンに参加してから半年余り、家族三人でディクシャ（高次元のエネルギー伝授）をいただいてから三ヵ月が経ちました。おかげさまで、以前とは比べものにならないくらい、穏やかで幸せな日々を送っています。

大人である私達夫婦もそうですが、特に小学一年生の息子はのびのびと自分のペースで、自分自身の花を咲かせるような感じで成長しています。学校の先生からは「お勉強とても頑張っています。めいっぱい、何事にも真剣に取り組んでいます」と嬉しい言葉もいただきました。正直なところ、まだまだ息子なりに課題はあるのですが、ヨグマタにつながって愛されていることで、じきに解決されるだろうと、無用な心配をせず、信じて待つことができます。

家族揃って過ごす時間は、子供が小さいうちだけの十数年間、案外短いものかも知れません。そのなかでこのような時間を共有できる喜びは、ディクシャをいただいてからとても多く、強くなりました。また、夫婦で上級ディクシャもいただき、夫が合宿に参加することができました。それによって周囲まで良い波動に満たされたように思います。夫は内面が充実し、息子は「お父さんカッコイイ！」と尊敬の眼差しを向け、私は日々の暮らしがさらに楽になりました。

その合宿中のことでしたが、家にいる私にも何かが伝わってきました。それは、ヨグマタの愛は常にどこにでも降り注がれていたということです。まさにその時、その恩恵を受ける回路が大きく開かれ、希望の光として実感したのです。

毎日の生活の中でそれぞれが瞑想をし、ヨグマタにつながって守っていただいていることに感謝しています。何があっても戻れる安心な場所があるということは、親にとっても子供にとっても、不安や心配なニュースが溢れるこの時代に、こんなにありがたいことはありません。

思いは矢のように飛んでいく

次に、ヤギャという修行について紹介しましょう。

ヤギャとは、日本の護摩焚きにあたる修行です。願望を叶えるために、特別なマントラと、火のエネルギーによる変容のパワーを借りて行います。

サマディヨギの行うヤギャには特別な効能があり、ヤギャを行うことで、サマディヨギが祈ったパワーとともに、あなたの内側がパワーをいただいて変容が起き、あなたの願いは聞き届けられ、成就するのです。

ヤギャは、私のところでも常に行われています。そして、自分の願いだけでなく、他人のための願いなど、さまざまな願いが不思議なほど叶えられ、人々を助けています。

不思議だと思われるかもしれませんが、あなたが思ったことはほぼ実現します。ここに真理があります。浄化して純粋になった心で思ったことは、そのほとんどが実現していくのです。

それだけに、ふだんから良いことだけを思うようにして、悪いことを思わないことが肝心です。

「自分がどんなことを思っても、べつに自分を汚さないし、他人も汚さない」と思うかもしれませんが、それは誤りです。仮にも「あの人なんか、死んでしまえ」と思ったら大変です。その思いは矢のように飛んでいき、鋭い矢のように相手に突き刺さるのです。たわむれであっても、悪いことを思ったら、本当に大変なことが起きると覚悟していただきたいのです。

同じように、「自分はダメな人間だ」と思うのもいけません。ついつい、人は軽い気持ちで、そのように嘆きがちですが、そうした否定的なことを思っていると、それがやはり現実化して、いつか本当に自らに危害が及びかねません。たとえ今生で現実化しなくても、来世で現実化することもあります。

従って、私たちは、心を浄化する人となっても、瞑想者となっても、また、そうでない人であっても、常に良いエネルギーを出し、良い行為をしていかなければならないのです。自分が思ったことは自分に刻まれると同時に、すべて相手に伝わっています。そして、その行為もまたすべて、宇宙空間にも記憶され、自分にも記憶されていくのです。

エネルギーの道

ヒマラヤの教えは内側を見つめます。ここでは、ヨガに対する理解を深めるために、体の内側を流れるエネルギー（プラーナ）の道について説明しましょう。

前にも述べたように、体の内側にはナディといわれる、目に見えない生命エネルギーの道があります。それは七万二千もあって、その中を生命エネルギーであるプラーナが流れるのです。そのなかでも、大切なエネルギーの道が百八あるのですが、それが中国に渡って経絡というエネルギーの道になり、仏教においては百八の煩悩にたとえられていきました。

さらに、エネルギーの道でもっとも重要なのは、陽のエネルギーの道ピンガラと、陰のエネルギーの道イダー、そして、その真ん中のエネルギーの道であるスシュムナーであることも、すでに説明した通りです。

私たちが生きていくうちに、これらのエネルギーの道には、だんだんとカルマのストレスが残り、中が詰まっていきます。とくにスシュムナーの道には、過去生からのカルマの記憶、サンスカーラなどが数多く残っています。こうした詰まりを浄化することで、よりすべての執着から自由になっていくことになるのです。

また、人体には七つのチャクラというエネルギーのセンターがあります。それらは尾骨、仙骨、みぞおち、胸、喉、眉間、頭頂部にあります。このチャクラは、神経叢やホルモン中枢と一致しており、そこにエネルギー（プラーナ）が不足していると働きが弱くなり、正しく活動できません。そして、ナディはチャクラにつながっており、そこを通してエネルギーが全身に運ばれています。

エネルギーのセンターであるチャクラは、ムーラダーラ・チャクラ、スワディシュターナ・チャクラ、マニプラ・チャクラ、アナハタ・チャクラ、ヴィシュダ・チャクラ、アジナ・チャクラ、サハラスララ・チャクラであり、低いレベルの意識から高いレベルの意識へと、それぞれに対応した「体」があります。

まずは肉体の体、これは土の体ともいいます。その奥には感情の体、水の体です。さらにアストラルの体（心や感情を含む、目に見えない細やかなエネルギー体）、火の体、心の体、風の体があり、さらに、魂の体、またの名、音の体があります。さらにコスミックな体、空の体があり、さらに至高なる存在の体があるのです。それぞれの体のチャクラが、それぞれの意識を呼び起こすエネルギーの働きをしているわけです。ヒマラヤ秘教のクリヤ・ヨガ、インナー・ヨガとアヌグラハ・ディクシャにより浄化し、一つ一つを知り尽くしていきます。

こうしたエネルギーを整え、肉体と心のレベルからそれぞれ体を目覚めさせ、浄めていき、バランスを整え、それぞれの体を超えていくことで、深い知恵を得てパワーをいただき、執着のないインナー・ビューティの人になっていくのです。

それまであちこちに滞っていたり、無駄な流れをしていたエネルギーが、ヒマラヤ秘教のヨガによってスムーズに流れるようになるため、すべてが無駄なくクリアになり、目覚めた人になるのです。

変容のためのテクニック

秘法のひとつ、サマディヨギから与えられるアヌグラハ・クリヤ（光の瞑想）は、内側をダイレクトに変容してくれるテクニックです。この修行を与えるには、内部のエネルギーについて熟知している必要があり、修行者が自己流で、どこかを活性化しようとするのは、危険がともないますので注意してください。

このアヌグラハ・クリヤでは、エネルギーのセンターをそれぞれ浄めて、変容させていきます。たとえば、あなたのエネルギーのうち、土のエネルギーが浄められ、水のエネルギーになり、さらに水から火になっていきます。水から火というのは、まったく異なるものなので、まさにそれが変容というわけです。単に、悪い心を良い方の心に変えるというのではなく、それが源に還っていくこと、さらに心を超えていくことにつながります。

こうしたサマディヨギからのクリヤは、一般のクリヤとは異なります。サマディに達したヨギは、全てを知りつくし、源の存在に還り、神のエネルギーを発達させた人です。その知恵とパワーにより、人々を変容させる力があるのです。そこから生まれたクリヤは、アヌグラハという神のグレイスを含み、知恵を含むものであり、安全かつパワフルなのです。

クリヤの中には、ヨガの体操、呼吸法、プラナヤーマ、バンダ（体を引き締めるヨガ）、ムドラ（手印を結ぶヨガの象徴ポーズ）など、さまざまなものがあります。

すでに多くのプラナヤーマや様々なテクニックについての記述が本などに氾濫していますが、ヒマラヤ秘教のテクニックは、秘密のヨガであり、不立文字であり、深い知恵と神のグレイスが伴うものであって、単なるテクニックとは異なるものです。それはいわば神の領域であり、サマディマスターなしに、自己流に行い、エネルギーのバランスを崩してしまうと、自分の力では戻せず、さらには誰も元に戻すことができなくなります。下手をすると、ふつうの生活さえできなくなってしまいます。

だからこそ、ヨガの修行は、きちんとしたマスターにつかなくてはなりません。そうしたマスターの指導のもとで行えば、安全に、バランスをとりながら変容できます。

アヌグラハ・クリヤは、ヒマラヤ秘教のサマディの知恵から生まれた、光のエネルギーの修行であり、そこにはヒマラヤ秘法、クリヤ秘法瞑想法として伝授するもの、またクリヤ・ディクシャがあります。それぞれの人に合ったものが伝授され、最速でサマディに向かいます。修行を重ねていくことで、自然に無理なく、まるで強力な掃除機でゴミが吸い取られるように、心のゴミであるカルマが浄化されていくのです。

内なるすごいパワー

深い瞑想を行い、修行が進んで心身のエネルギーが整うと、夢も見なくなっていきます。

しかし、昼間いろいろな体験をしていると、意識のスイッチがオンになっていますから、それに対応する内側のカルマが活性化しています。そして、内側にあるその潜在意識の世界では、大海のように、いろいろなエネルギーがうごめいています。私たちの心身である小宇宙というのは、まだ開発されていない、強力きわまりない、いろいろなパワーをもっているわけです。

「火事場のバカ力」という言葉はご存じでしょう。わが家が火事になると、か弱い女の人でも、重たい箪笥をガッと持ち上げて運ぶことができることを指す言葉です。

ふだんは、できないと思っていますから、とても持ち上げられません。ところが火事となり、大事なものが燃えては大変だと思うと、潜在意識の力も助けになって、すごいパワーが出るわけです。

このように、心を一つに集約すると、とてつもないパワーが生まれます。こうしたパワーを、ふだんから意識的に引き出すことができたら、どれほど素晴らしいことでしょうか。

マスターからのブレッシングや修行によって、内側のエネルギーを活性化すれば、それができるのです。ですから、常に気づきをもって正しくパワーを使っていく必要があるのです。

チャクラが活性化するとき

ヨガも修行を間違えると、いろいろと問題が出てきます。私たちの体には、エネルギーのセンターであるチャクラがありますが、たとえば、もっと超能力がほしいと願って、自分勝手に本などを読んでチャクラを活性化すると、大変なことになりかねません。

チャクラは、神経やホルモンに関係するセンターであり、過去生からの多くのカルマが詰まっている場所でもあります。下手にいじると、神経が過敏になってしまったり、過去生からのさまざまなカルマが活性化して見えないものが見えてくるなど、いろいろな現象が現れて、バランスを崩してしまうことがあるのです。

そうした現象を、幻想であると受け流せればよいのですが、それに翻弄されてしまうと、普通の生活をすることが難しくなってしまいます。ですから、自己流でヨガの修行のまねごとをしたり、未熟なマスターについて修行をすることは非常に危険なのです。

また、超能力がほしいという欲の心によって、特定の部分を発達させるのも禁物です。その部分に詰まっている恐怖や否定のエネルギー、霊的な能力が拡大して、さまざまな問題が生じてしまうのです。深いところにあるエネルギーのバランスが意図的に崩されてしまうと、それは誰が修復しようとしても困難なのです。

繰り返しますが、ヨガの修行をする際には、正しいマスターについて、正しい修行をしていくことが大切です。真理を知る指導者であるサマディヨギにつくことが、もっとも重要といえるでしょう。さもないと、悟りに達するどころか、大きな失敗や苦しみを味わうことになりかねないのです。

第7章

神とは何か、カルマとは何か

神という存在と私たち

これまで神という言葉をしばしば用いてきましたが、ここで神について説明したいと思います。

まず、考えていただきたいのは、あなたはいったいどこから生まれてきたかということです。それを考えていくと、神の存在に突き当たります。私たち人間をはじめ、すべてのものを作り出している奥深い存在、それが神なのです。

神は擬人的な存在ではなく、人間の心が作り出したイマジネーションでもありません。すべてのものを超えた偉大な存在だと考えるとよいでしょう。

神は創造者であり、保護者です。この世界すべてを支えている存在です。そのために、神はスープリーム・コンシャスネス（至高の意識）、あるいはハイヤー・コンシャスネス（高度な意識）、もしくは単に「存在」（ビーイング）とも呼ばれています。神なしには、すべての人、この世界中に存在するすべてのものは、どこにあっても生きることはできません。

神は目がなくてもすべてを見ることができ、耳がなくてもすべてを聞くことができます。足がなくてもどこへでも行くことができ、手がなくてもすべてを創ることができるのです。

神には形となった体がありませんが、すべての人、物、存在するものには、神が宿っています。言い換えれば、すべての人が神の体になり得るのです。

神は、あなたが眠っていても目覚めていても、そこにいます。神はすべての世界の源の存在であり、宇宙の母といってもよいでしょう。すべては神から送られて、生まれてきたのです。美しい大自然もまた、神によって創られました。神の愛は海のようなものです。

神はエネルギーです。神のエネルギーがないと、水は海に流れていかず、風は吹きません。火は燃えることができず、土に生じる花々や木々や果物も育ちません。この世界に起きている現象はすべて神のエネルギーによるものです。神のエネルギーが存在しないと、なにものも活動することができず、太陽の光さえなくなるのです。

神はさまざまなエネルギーを体現したもの

読者のなかには、「神」という言葉に拒否感を持つ方もいるでしょう。そうした方は、「神」を「すべてのエネルギー」と読み替えて、受け止めてくださればよいのです。

日本には八百万《やおよろず》の神様がいるといわれます。農業の神様、安産の神様、学問の神様、厄除けの神様、商売繁盛の神様、芸能の神様、武芸の神様などと、じつに多種多様です。それはインドにおいても同様です。八万四千の神々がいるとされ、人は生きるうえにおいて、そのエネルギーの源である神から、必要なパワーをいただくのです。

そうしたエネルギーが分離して、個別にシンボル化され体現化されているのが、さまざまな神様です。一方、それらエネルギーが集まってできているのが魂です。つまり、あなたという存在は、大きな神から分かれた、分身なのです。

ですから、あなた自身の本質を信ずるとともに、あわせて、そうしたエネルギーをシンボル化した、すべての神様を信じて尊敬していくことが大切です。それは、人間という小宇宙のすべてがわかっていく道に通ずるのです。

これまでの人生を振り返ってみるとき、あなたには「ああ守られていたんだな」「導かれていたに違いない」と実感するような出来事が、きっといくつもあるのではないでしょうか。あなたは、神様という名の、さまざまなエネルギーによって生かされてきたわけです。あなたはそうしたエネルギーに気づき、集中することによって、内側のパワーが目覚めていき、その力の助けを受けることができるのです。

聖地巡礼という外側の修行を終えたら

私たちは、よく寺院や神社を巡ります。神のシンボルに祈り、そうしたパワー・スポットである神の寺院を巡礼するわけです。

ヒマラヤの聖者やインドの人たちも、シヴァ神が住むといわれるチベットのカイラス山をはじめ、紀元前からある聖地（ガンゴトリー、ケダルナート、ヤグナトリー、バドリナード、ベナレスなど）に巡礼に行きます。昔の人たちは、裸足で一、二ヵ月をかけて巡ったといいます。私も、このすべての山を巡りました。

日本で巡礼というと、「お遍路さん」を思い出す人が多いでしょう。弘法大師ゆかりの霊場を、少なくとも四十日をかけて白装束で巡る四国八十八箇所巡礼です。お遍路さんや巡礼者として、神仏に救いを求め、日常性から解放されて、歩き続けていきます。

歩き続けるというのは自然な体の動きであり、それをスピリチュアルな心で行うということは、雑念を捨て去り、信仰心を強めることにも役立ち、確かに尊いことです。

しかし、そうした外側の修行で終わってしまうのではなく、ぜひともあなたには、自分の内側に向かう修行をしてほしいのです。

ヒマラヤの教えは、単に巡礼で終わるのではなく、そこからさらに真のあなたを知り、自分の中の神に本当に出会っていく教えです。

インドでは、すべてを創り出している存在である神様に本当に出会うために、出家をする人が多くいます。「神という存在こそが何よりも価値があり、それを知らなければ死にきれない」「無知のまま、暗闇の中をうごめいて死ぬのは嫌だ、懐中電灯を持って暗闇を歩きたい」と願うのです。

私たちは、すべての本源にあるものによって生かされていることを自覚して、そこから分かれたさまざまな役割のエネルギーの神、及び神々、すべての神にチャンネルを合わせることで、自分の中の同じクオリティが強く引き出されていきます。これは、神道の神々でも、仏教の仏でも、ヒンドゥの神々でも同じことです。

どれもみな、根源や、そこから現れたさまざまな力のエネルギーに対して、それぞれの宗教や民族が、さまざまに名づけたものに過ぎません。そうしたものは、小宇宙である自分の中にすべてであり、それに触れることによって、私たちは創造の源に還っていくことができるのです。

あなたは神の社《やしろ》

自分自身の内側への旅を続け、その根源に還っていくことで、私たちはいろいろなものを癒していくことができます。それは一見、難しそうな道ですが、サマディヨギからのアヌグラハ・ヒマラヤ・サマディ・プログラムがあれば、安全に最速で進むことができるのです。

聖なる波動をいただいて、その波動で浄め、アヌグラハのクリヤの光の瞑想で浄め、気づきを深め、瞑想や祈りを実践することで、心身が充電され、積極的に浄化されていきます。そして、あなた自身が神の社になるのです。

身体が社で、その中に魂である神、つまりご神体がいると考えてください。あなた自身が神の子ですから、心身を磨いていくことによって、その神聖なものを現実に表していくのです。そして、純粋で神聖な人になっていくのです。

あなたの社、あなたのテンプル（寺院）である身体を浄めて、整えていきます。そして、その中にある心も浄めて、曇りがないようにするのです。すると、あなたの内側から、ダイヤモンドの輝きが浮かび上がってくるでしょう。

私たちの身体は、神様からいただいた素晴らしい道具です。その道具を磨いて、より幸せになると同時に、あなたのまわりの人も幸福にしていただきたいと思います。

カルマとは何か

私はこれまでに繰り返し、カルマという言葉を用いてきました。カルマは私たちの人生を操るきわめて重要な要素です。カルマとは「すべての過去生と過去の記憶からくる、すべての心と体の行為」です。ここではさらに詳しく説明していくことにしましょう。

カルマは一般に業《ごう》と訳されますが、何生も続く、生の長い過去の積み重ねの記憶からくる、体と心のすべての行為のことです。

宇宙の創造は神によってなされ、宇宙の星々が生まれ、太陽が生まれ、地球が生まれました。そして、地球には山が生まれ、草や木などの植物がつくられます。さらに神の意志によって人間が生まれたのです。人間はハイヤー・コンシャスネスである神から離れたところに存在する、偉大な魂です。

人間は、考え、感じ、行為をすることで記憶が生まれ、そのためにカルマが生じました。そのカルマが非常に重要になってきます。確かに、すべての生き物には感覚がありますが、人間とほかの動物との最大の違いは、人間には心があり、ブディ（理解する意識）、知識、知恵があることです。人間は考えたり、忘れたり、決めたり、行動をしたり、チェックをします。このとき、行ったこと、また、これからの行為すべてをカルマというのです。

カルマを引き起こす原因となる種には、いくつかの種類があります。これらがカルマとして現れるのです。

それらには、生まれるために働くすべての過去生の記憶の種であるサンスカーラと、過去世からの記憶によって未来と今生に引き起こされる現象であるプラダブダ、過去のカルマの記憶によって今現在行っているカルマであるボガがあります。そして、現在の行為はまた、すべて記憶となって刻まれていきます。私たちの人生は、さまざまなカルマの影響を受け、さらに行為をすることで新しいカルマを築き上げていくのです。

もちろん、カルマによって人生がすべて決まっているわけではありません。日々どういう思いと行為をしていくかによって、新しいカルマを積み、次の結果につなげることができるのです。

たとえば、サンスカーラで結婚する縁がなくても、結婚したいと願うカルマを築き上げていけば望みは叶います。それが因縁の法則であり、カルマの法則なのです。

プラダブダが強ければ、今生《こんじょう》で現象化されたり、また、未来に引き起こされていくカルマとなります。現在、あなたが、強い苦しみや、強い喜びを感じているとしたら、それは過去の記憶のプラダブダが現れているのです。

柿の木からは柿の木が生まれます。バナナは再びバナナとして生まれます。けっして、バナナから柿の木は生まれません。このように人間も、その人特有のカルマによって、カルマの実が現れるのです。

こうしたカルマの法則を知っていくことが、あなたが解放につながっていく第一歩なのです。

生まれ変わりについての真実

人生について考えるとき、必ず突き当たるのが、生まれ変わり、いわゆる輪廻転生はあるのかという問題です。結論からいえば、生まれ変わりはあります。それを左右しているのがカルマの存在です。

宇宙にあるすべての存在は進化していきます。生滅を繰り返し、形を変え、やがて源に還り、また生まれます。人間も動物も植物も、すべてが循環しているのです。

そうしたなかにあって、魂は変わらないのですが、カルマは変化します。カルマを与えたりもらったりして交換が行われていくのです。

では、人が死ぬと、そこで何が起きるのでしょうか。

神の前でカルマが働き、宇宙空間に記憶されているすべてが証人となって、次にどこの両親を選んでいくかが決められます。そして、新しく生まれ変わっていくのです。

体が死んだ後も、心の記憶、宇宙空間に記憶されたカルマは存在し続けるのです。そして神のもとにすべてが現れ、カルマによって両親が選ばれるわけです。ですから、今現在にいる魂は、両親とはなんらかの過去からのつながりがあります。過去からつながっている人のところに生まれ、カルマはバランスを取ろうとするわけです。

その選択の際には、サンスカーラが作用しています。もちろん、実際に生まれ変わったあとは、両親との触れ合いや、社会の教育や環境など、さまざまな体験を通じて、再びカルマを積んでいくわけです。

カルマは必ず現れて消えていく

カルマは、誰もがもっているすべての記憶から生まれ、再びそのカルマの行為は記憶され、それは必ず未来に影響するものです。前述したように、プラダブダという過去生からのカルマの記憶は、今生と未来に起きる現象のための記憶として蓄積されていきます。ただし、それがどれくらいの年月のあとに起きるのかはわかりません。また、今起きているカルマが何年前、どの過去生のカルマの記憶からのものなのかもわかりません。どの人生でそれが起きるのかは、誰も予測できないことなのです。それは決められてはいないのです。

カルマは必ず現れては消えていきます。こうして人は繰り返し、サンスカーラによって生まれて、いろいろなカルマをもって生き、また死に、その間にプラダブダが現れ、そしてボガが現れるのです。こうしたカルマの法則によって、生きていくサークルを描いていくのです。

植物にもプラーナ（魂）がありますが、プラーナがなくなると死ぬだけであり、カルマは残りません。植物にあるカルマは、現在の行為であるボガだけです。

サンスカーラやプラダブダといったカルマの種子は、人間にしかないのです。そうしたカルマを引き起こす記憶があるために、私たちは良いカルマを積んでいくチャンスが与えられているわけです。

もし、生まれ変わりから自由になろうとするならば、覚醒して、執着を捨てて、カルマを作らない生き方をすることです。するとカルマの循環から自由になることができます。

カルマは浄化されていくと、やがてサマディに導かれるのです。そうなると、永遠の命をいただき、もう生まれ変わりを繰り返さずに、神と一体になります。それまでの間は、何度も何度も生まれかわり、カルマを浄めるチャンスをいただくのです。

過去生からのカルマ

私たちの中には、過去生から何生も何生も積み重ねてきた、何億年もの生まれ変わりによる体験が詰め込まれています。それらは、サンスカーラ、プラダブダ、ボガといわれるカルマの結果の記憶であり、その一部は今の科学が表現しているＤＮＡとなります。ＤＮＡのみでは生命の神秘は説明できません。

それは小さな粒のような種ですが、いつかは芽を出し、葉を広げて、花開きたいと願っているのです。つまり、具体的に願望を成就したがっているわけで、そうしたことが現れては、また記憶されていくのが、人の一生です。

カルマのもたらす結果が良いことなら喜ばしいのですが、実のところ、それも執着となり、苦しみの種子になります。過去生で悪いことがあると、そのカルマの働きによって、今世でも似たような悪い事柄を引寄せてしまいます。それが病気や事故や災難であり、一般に運命として片づけていますが、その裏にはカルマの働きが隠されているのです。

もちろん、生きていることを喜びと感じるような生き方をしていただきたいのですが、なかなかうまくはいきません。というのも、私たちの内側には、疑い、怒り、悲しみといったネガティブなものが数多く溜め込まれているからです。なかには、生まれる前の過去生からのものもあれば、生まれてから現在までに体験したものもあるでしょう。たとえば、何かを得ようとして得られなかった、つらい記憶もすべて残っています。

そういった記憶が、何かの拍子にひょいと表面に出てくることがあります。むしろ、人生は、そうしたことの連続といってよいでしょう。あなたが誰に会うのか、どういう縁をいただくのか、それらはすべてカルマによって左右されているのです。

染みついたカルマの記憶が現象化するとき

あなたの内側には自分でも気づかない、過去世から積み上げられたカルマの結果の塊がたくさんあります。日々の行為も、そうしたものから生まれているのです。外から刺激を受けて、環境を劣悪にしたり、何か条件が揃ったときに突然活性化して現れるカルマもあります。

つまらないきっかけで、自分をコントロールできずに、つい大喧嘩をしてしまう人がいます。あるいは、本当に人柄が良いのに、交通事故や傷害事故などの災難にあってしまい、周囲から「なぜ、あんないい人が不幸にあうのか」と同情される人がいます。

そういう人たちは、過去に何かそれに関わる記憶があるために、災難を引き起こしてしまうカルマを持っているわけです。病気になるカルマや、事件に巻き込まれるカルマは、自分で意識しなくても、潜在的に心と体が記憶しているわけです。

誰にでもそういう、いろいろな過去からのカルマの記憶が染み付いていることを忘れてはいけません。そうして現象化したカルマによって人間関係のトラブルが起きたり、事件に巻き込まれたり、病気になったりするのです。

通常ならば、そうしたカルマに翻弄された運命を変えることは、なかなかできません。しかし、ヒマラヤ秘教は内側のカルマを浄化し、変容させる生命の科学です。その教えを実践することにより、カルマから自由になることが可能なのです。

私たちにできるのは、ヒマラヤ秘教によって覚醒し、カルマを浄めていき、暗闇を光にして、すべてを明らかにしていくことです。

体験談

瞑想によって、まわりの人も幸せになることを実感

宮城・四十代女性、看護士

父が瞑想を始めてから三年以上経ちました。六十二歳、営業職の父は、ふだんの仕事の日もたいてい朝の五時前に目が覚めるらしく、起きてすぐさま、ヨグマタよりいただいたサマディ瞑想を行うことが、一日のスタートとなっています。

瞑想を始める前の父は、煙草を一日二箱も吸うほどのヘビー・スモーカーでした。あるとき、ヨグマ

タに「父が部屋で煙草をすごく吸っていて、もうイヤで、イヤで……」と相談した時、「お父様はそうやってバランスをとっているのね。お父様も瞑想するといいわね」と言われ、「えーっ、ありえない！」と思ったものです。煙草を一日中手離さない人間が、静かに座っていられる訳がない、と思えてなりませんでした。

しかし、ヨグマタの言葉をかみしめているうちに、よし、父にも瞑想を勧めてみよう、瞑想することで父は煙草をやめられる、と確信するようになりました。そして、私の内側が変化すると、父に対しての見方も変わりました。煙草を吸っている父の体が悲鳴をあげているのを感じ、今までの「煙草やめてよ」という一本調子のセリフが私の中から出てこなくなり、父の身体を気遣う言葉が多くなり、父の内側の思いについても少しわかるようになりました。父は煙草をやめたくても、やめられないと思っていたのでした。

父に私のヨガの先生（ヨグマタ）が体の相談にのってくれることなどを話し、気分転換にという感じで東京行きを誘ったところ、意外なほどすんなりＯＫしてくれて、とうとうヨグマタにお会いして、サマディ瞑想を父もいただくことができました。

ヨグマタは父に煙草をやめるようにとはおっしゃらなかったようです。父はヨグマタと何を話したかは言いませんでしたが、ヨグマタは自分の気持ちをわかってくれている、認めてくれていると思ったことが、仙台までの帰りの電車での父との会話でわかりました。

それからの父は私がびっくりするほど実に素直に、朝晩規則的に、いただいた瞑想を行っていました。父が煙草をやめたのは約一年後でした。それもごく自然な状態で。風邪をひいたのがきっかけで、吸うことをやめていたら、吸わずにいられることに気がついたのです。

そして父は、（ヨグマタの）瞑想の素晴らしさを、それからたくさん体験していくことになるのです。体が疲れにくくなったこと。朝もすっきり起きられるようになったこと。糖尿病の数値がよくなって、薬を服用しなくてもよくなったこと。そして、営業という仕事をしている父にとって何よりもありがたいことに、人に対しての苦手意識が少なくなり、人前に出ると緊張することがなくなったこと、組織の一員として必要な意見を言えるようになったこと。会社における信頼が上がり、売上にもいい影響を及ぼしていること、クレームへの処理もスムーズに行えるようになったことなどでした。

ヨグマタは、瞑想をいただくと、自分だけじゃなく、あなたのまわりの人も幸せになりますよと、よくおっしゃいますが、自分が相手を幸せにしようと思わなくても、私がサマディ瞑想をすることで、父に対しての見方が変わったように、父にも必要なことが自然に起きて、変化していくように思えます。

水面に小石を投げた時に、小さなさざ波が徐々に大きくなっていくような変化です。そんなさざ波が日本中に世界中に広がって行くことを願う自分が、今ここにいます。

カルマは宇宙にも記憶されている

なぜ神様は私たちを苦しみの中に送り出したのかと嘆く人がいます。また神様がいるならば、この世に苦しみなどないはずだと主張する人もいます、しかし、苦しみを作っているのは神様ではありません。神様は私たちに心と体を与えてくれました。それを、無知やエゴ、欲望によって悪く使ったのは人間です。人間自身がカルマを積んでしまい、そのカルマによって苦しんでいるわけです。

私たちのカルマは、過去生からすべて私たちのなかに記憶されています。そして、宇宙にも記憶されています。そのカルマによって未来がつくられていくのですから、けっして神様が苦しめているのではなくて、そのカルマを作った自分の心が苦しみを作っていることはおわかりでしょう。

神様は私たちを浄めて進化させ、「本質のあなたのことを思い出しなさい。そうして、私のところへ還っていらっしゃい」と、この世に送りだしているのです。

ところが人間は、思うままにものをつくりだす心を与えられています。また、目や耳などの感覚が異常に発達したために、欲望に翻弄されたまま、そのことに忙しく、自分の本来の生き方を忘れてしまいました。物質的なものに執着するだけでなく、その心をどんどん肥大させたあげく、たくさんの情報に翻弄されて、おごりたかぶってしまっているのです。

そして、自分はいったい誰なのかを思い出すきっかけもないまま、あっという間に十年、二十年が経ってしまうのです。

カルマの浄め方

では、カルマを浄めるには、どうすればよいのでしょうか。じつは、それは簡単ではありません。本来、完全なる浄めは、ただサマディによってのみできるのです。しかし、それができない一般の人にとって、救いはないのでしょうか。

いいや、救いは常にあります。まず大切なのは、良いカルマを行うことです。良いカルマを行えば、良いカルマが返ってきます。それを続けて、良いエネルギーを蓄積するのです。これは日々の普通の行為を、そのように良い行動と良い思いに向けることによってできます。良いエネルギーを蓄積することを、「功徳を積む」といいます。

良いカルマを積むとは善行を積むこと、自他を傷つけない、両者が喜ぶ行為です。また見返りを願わない布施をすること、奉仕をすることなどです。たとえばインドでは、多くの人が土曜日や日曜日に寺院に行って、受付を手伝ったり、祈る場所をきれいにしたりします。お金持ちの人ならば、寺院で食事をふるまったり、災害にあった人にお布施を施したり、新しくお寺を建てたりということをします。

こうした奉仕をすることとは、基本中の基本のカルマの浄め方です。それにはヨガ修行の八段階のヤマ、ニヤマの修行が欠かせません。

大切なのは、欲望を持たずに無欲で行うこと。通常の行為は、常に欲望を満たすために行うことが多いのですが、奉仕では見返りを期待しません。受け取らず、解放していくのです。

ボランティア活動にもそういった要素はありますが、エゴを強める結果になる事例をよく目にします。そうした活動はカルマを浄めることとは異なります。

あくまでも自分の行為を神に捧げ、行為を通してカルマを浄化し、源の存在と一体になっていくための善行、すなわち意識を進化していく善行になっていかなければならないのです。

そうした善行をすると、自然に功徳を積み、肯定的なエネルギーを蓄積し、良い波動を自分の中に充満させていくことになります。そして悪い波動が破壊されて消えていきます。肉体があるからこそ、こうした修行ができるのです。従って、生きている間にカルマを浄めていく修行をしていただきたいのです。

人は浄化を進めるために、生まれては死に、生まれては死んで、この世に帰ってきて、浄めるチャンスをいただきます。失敗も病気も困難も、カルマの解放と浄化のために、成長のために現れる姿です。悟りのマスターとなるまで、私たちは何度も、何度もこの世に帰ってきます。それは、カルマを浄めるためにほかなりません。

神は生まれ変わりの機会を、カルマを浄めるために与えてくれたのです。もし浄化しなければ、ムクシャという永遠の命、悟りを得ることはできません。悟るまで、サマディを得てムクシャとなるまで、何度も、何度も生まれ変わるのです。

カルマを早く浄める瞑想法

カルマを早く浄めることのできるのはヒマラヤ秘教です。なかでもアヌグラハ（エネルギー伝授）とディクシャ（イニシエーション）と瞑想秘法の伝授は、苦労せずに、その日のうちに、すぐあなたを浄化し、楽にします。人は本当は何生も何生も苦しんできたというのに、それは魔法のようです。マスターからディクシャというプロセスを得て、その教えとシャクティパットをいただくとよいのです。その時、カルマを浄める神の波動をいただきます。そして日々、瞑想で内側にその波動を広げていくことによって、カルマを浄めることができるのです。さらに、神のブレッシングに等しい、悟りのマスターからのアヌグラハの伝授は効果的です。

ディクシャには、儀式のプロセスで、シャクティパットの伝授があり、あなたの内側を目覚めさせ、カルマを浄めます。また、クリパは、橋を通していただくマスターのアヌグラハであり、カルマを浄めることができます。

これらのアヌグラハやディクシャによって、空中をかろやかに舞っているような感覚になります。苦しい時の感覚は、重たい石を両腕で抱え、うんうん唸って山を登っているような感じです。それが全部消えてしまうのです。

自分のカルマによって、心が自分を締めつけ、不自由であったのが、ブレッシングやディクシャをいただき、サマディ瞑想を行うことで、内側がすみやかに変容するのです。さらにクリヤ

02 WEST LAUNDRY
102 W. 71ST STREET
NEW YORK NY 10023
[illegible]

[illegible]

[illegible] STRING BAG
[illegible] 12.95

SUBTOTAL	12.95
TOTAL	12.95
BALANCE	12.95

1 PIECES

SAME DAY ORDER

LICENSE # 524060
STORE HOURS:
MON-SAT: 8:00AM - 8:30PM
SUN: 8:00AM - 4:00PM
STORE# 1
Customer Copy

瞑想の秘法をいただき、常にアウェアネスを進めていくと、カルマがさらに浄まります。成功と悟りを得るため、魂は自由になっていきます。

この世の中にはいろいろな価値観があり、またいろいろな人がいます。だからこそ、カルマの記憶が刺激され、活動しはじめるわけです。さまざまな出会いは自分の中に隠れていたものを浮かび上がらせ、気づきと浄化を与えてくれるチャンスなのです。意識を高め、そしてクオリティの高い、真理の人になるためのアヌグラハや各種ディクシャや各種クリパを、その人の状況に応じて繰り返すことによって、カルマは浄化されて、消えていきます。

それらの修行を通じてあなたは、好き嫌いの心から離れ、魂は自由を得て、もっと宇宙的な愛の人に成長していき、大きな自分になっていくのです。すなわち、あなたは、新しい生き方の実践をする機会をいただいたのです。

もし、過去生からのカルマで、悪いことが起きたら、それは学びと浄化の機会をいただいたということなのであり、それに感謝し、気づきをもって、さらに善行を続けることが大切なのです。

そうやって良いエネルギーを積んでいくとともに、本当の自分に出会う道を進めていくのです。やがてカルマが出ることなく、消滅していき、あなたはそれから解放されるのです。

肉体の適切な使い方を知ろう

私たちにとって、病気や老化は大きな悩みの種です。しかし、これもまたカルマのなせるわざなのです。ですから、カルマを浄めることができれば、病気になりにくく、老化を抑えることができます。

そもそも、私たちの肉体はどうして病んでしまうのでしょうか。それはカルマのため、過去生か今生における何かのアンバランスや衝撃によって、ある特定の部分だけを使っていて疲れたり、衝撃の部分の異常なエネルギーの流れによって異変が増大してしまうからです。人によってカルマは異なりますから、疲れやすい部分や異変は違ってきます。

また、ふだん自覚しないレベルで、病気は進行していきます。消化器系が弱い人、心臓が弱い人、肝臓が弱い人、腎臓が弱い人、目が弱い人など、いわゆる持病やウイークポイントを持っている人は、カルマが原因になっているのです。

そういう人は、心と体のカルマを浄化し、それまで使わなかった部分を発達させ、自然なバランスをとること、そして上手に深くリラックスすることが必要になってきます。

ところが、例えばずっと同じ体の部分を使っていると、その回路に入ったきりになり、どういうふうに休めばよいのか、わからないものです。いわば、細胞のレベルで興奮しているからです。

心身の使い方のみならず、食生活や環境、すべてが自然から遠くなり、不自然となり、バランスをとること、休むこと、使うことが上手にできず、混乱し、異変を起こしています。

たとえば、春先になると花粉症を初めとして、さまざまなアレルギーなどの症状が出やすくなります。誰もが対策に手を焼いていますが、なかなか治りません。それはカルマや環境によって体が異常な興奮状態にあるからです。

体と心の病気を防ぐ、本来の判断力を回復していかなければなりません。自然の法則に則って、何が正しくて、何が不調和なのかということに気づき、さらに自分の中の調和をとる力をもっと発達させていかなければ、そういうものに負けてしまうのです。

体験談

サマディ瞑想が自分を導いてくれる

東京・四十代男性、会社経営

男は仕事でがんばらないといけない、自分でなんでもやらないといけない、と気を張っていました。またソフト開発会社を経営している立場上、何かを判断したり、決断したりすることが多く、その判断や決断が間違っていないか、間違えた場合はどうなるだろうかといった不安や迷いが常にありました。

そうした気持ちと闘いながら、日々を過ごし、それに打ち克つことで自分を奮い立たせていたかと思います。しかし、ふとした時に疲れや空しさを感じることがあり、すべてを投げ出してしまいたいなどと思ったりすることが、ときどき起こるようになってきたのです。

そんな時、ヨグマタに出会い、もっと精神的に強くなりたいとの思いからサマディ瞑想を始めました。セミナーや合宿に参加したり、個人セッションを受けたり、だんだんと夢中になっていきました。日増しに瞑想も、落ち着いてできるようになっていきました。

半年くらいすると急に、いろいろな変化を感じられるようになってきました。ソフト開発をする場合、開発案件に適合する協力技術者を探すのが非常に大変なのですが、特殊なスキルを要する仕事にもかかわらず、ちょうど良いタイミングで技術者の方から連絡がきたり、また探した場合でも、すぐに見つかったりするようになりました。

瞑想が深まっていくと共に、その時々の流れに従い、委ねる気持ちでいることができるようになり、仕事が自然とうまく回るようになってきました。受注ができなかったりした場合でも、とらわれず気にしないでいると、あとで厄介なプロジェクトになっていて、かえって受注しなくて正解だったということもありました。

七日間の合宿では、瞑想中、エネルギー体となっている自分の中心に白く渦巻くものを感じ、ずっしりとはまった感じがありました。また登頂から光線が入り、体の中心で放射状に広がり、球状になってエネルギーがとどまり、体とは別の次元に行き、時間と空間がなくなって、ヨグマタがそばにいらっしゃることをリアルに感じました。中心にいればいるほどエネルギッシュに、躍動的に、自由になれる感覚も覚えました。最後には非常に頭がクリアになって、仕事もすごい速さで仕上がっていくなどのシーンが、思考を超えた猛スピードで流れていきました。参加するごとに自分の変容を強く実感でき、感動でいっぱいになります。

サマディ瞑想が、今では日常生活で欠かせない行為となりました。それが自分を導いてくれる、そんな楽しさがあります。仕事上でもよけいなことを考えなくなり、決断が速く正確になり、また、ちょっと荷が重いかなと思える仕事でも、ほとんど必ずと言えるほど助け船が出現します。本当に不思議です。ですから、先を心配することもなくなりました。

さらに、新しいソフト開発のアイデアやビジネスモデルが湧いてきたりして、すごくクリエイティブになってきています。また、それらの実現に向けて導かれている感じがします。流れに乗っているような感覚で、その流れがだんだん大きなものになってきて、非常に軽やかに、不思議なくらい、いろいろなことが回りだしています。

元のエネルギーから整えていく

従って、病気や老化を予防しようと思うなら、体のバランスを整え、深い休息をすることが大切です。さらに、すべてを手離すことによって、鈍い部分に生命を送って甦らせ、異常に興奮した部分を静めることが必要なのです。

また一見静かで、屈折したままになって、毒を抱えているところを浄化します。異常に興奮した部分はそのままにしておくと、ガン細胞のような異常なものが発生する恐れがあります。たとえば、不自然な環境の中で不自然な食物をとる生活を続けていると、興奮はいやおうなく進み、体がガンに冒されてしまうのです。

こうしたことを防ぐためにも、あなたの心と体のどこが偏って使われているのかを知る必要があります。心が人を責めたり自分を責めたり、わがままであったり、我慢していたり、不満であったり、不安であったりして、そうした不自然な心の使い方をカルマにそって行っていくと、体についても、胃、肝臓、子宮、他の内臓が内外のさまざまなストレスを受けて、バランスを崩し、働きが鈍かったり興奮しているかもしれません。

病気の症状が出てきた時には、すでに遅いのです。予防医学として、自分というものをもっと知っていくとともに、常に自然に還っていく必要があるわけです。

このように、病気や老化はカルマが大きく影響し、社会とかかわりがあります。計り知れない人体の不思議な営みが、私たちを成長させ、守ってくれているのですが、エゴでそれが崩されるのです。人の体に関する、そうした本当の知恵、自然の科学というものは、社会では教えてくれません。

確かに、医者は、どこに病原菌があるか、どこに潰瘍やガンがあるかを見つけることにはすぐれています。しかし、潰瘍やガンが目に見える段階になったら、かなり進行しているわけであり、そうなったら対症療法しかなくなってしまいます。しかし、おおもとの原因にカルマがあることを知っていれば、まだ病気にならないうちから予防ができるのです。

そのため、病気を予防するには、自分の内側の目に見えない所から歪みをとっていかなければなりません。私たちの肉体の出来る前には、目に見えない微細なアストラルの体があり、さらにコザールの体という微細なエネルギーの体があります。そこには過去生からの記憶のすべての情報、つまりサンスカーラやプラダブダのカルマが入っています。そのレベルで浄化をして、間違った情報を正していくことにより、現れるものを正すことができるのです。

そうした変容をもたらすのはアヌグラハのパワーであり、マントラやプラティヤハーラ、クリヤの秘法なのです。また、ヨガの秘法にもとづいて、心と肉体のバランスをとることによっても、内側を整えていくことができ、そして信頼と感謝と愛が大きな癒しとなって、アストラルの体の記憶の浄めの助けになるのです。

ところが、そのようにして体を内側から整えていくという教えは、学校でも社会でも教えてくれないのです。走ったり体操をして体を鍛えることとは言いますが、なぜそれが病気の予防になるのか、どういう運動がその人にもっとも適しているのかを教えてくれる人はまずいません。

大切なのは、体を支配しているのが心だと知ることであり、体の症状や癖は心によって強められるということです。従って、私たちは心を浄め、カルマを浄め、さらにそれを超えることが肝心なのです。

そういった気づきを持つことによって、私たちは体と心を生かしめている神につながるとともに、肉体と心を正しく使っていくことができるのです。

第8章

心と体、そして霊

自殺を選ぶ人たちの、つらい思い

「生きていくことに疲れました。ごめんなさい。私は弱い人間です」

このような遺書を残して、自殺を選択してしまう人がいます。

日本では自殺者の数は一年間に三万人を超え、世界の中でも人口に対する比率が高く、交通事故で死ぬ人よりも多いのだと聞きました。ぜひともこうした自殺がなくなるように、自殺の問題点を記したいと思います。

ある人は、生活が苦しく食べるものもない、というところまで追いつめられて、悩み苦しみ、死を選んでしまいます。友人や親族などに助けを求めればよいのですが、エゴが働いて、それもできないのです。

またある人は、何かの誤りを人に理解してもらえず、話をする相手もいなくて、そこから抜け出す方法がわからなくて、自殺を選びます。さらに、これまで恵まれた生活を送っていた人であっても、事業が失敗して負債を抱え、将来を悲観して自殺をはかる場合があります。

性格的に弱い人は、厳しい取り立てや攻撃にあい、その苦痛に耐え切れなくなった時、自殺を選んでしまいます。自殺したらすべてが終わる、苦しみから解放されると思い込んでしまうのです。

自殺というのは、生きていかなければならない自然の力を無視する行為です。それは自らカルマを断ち切ってしまうことです。死んだ後の次の人生を考えることができずに、今のことだけを考えてしまうのです。

実のところ、その死によって、残された人が困るだけでなく、自分自身の魂も困ることになるのです。自殺による痛みの記憶は、アストラルという細やかな体に刻まれ、さらなるコザールという、魂が住む細やかな体に記憶され、サンスカーラとなり、その人はすぐに生まれ変わることができません。また、天国にも行くことができず、幽霊となってあちらこちらをうろうろとさまよい、他の人の邪魔をするのです。

自殺をしても、魂は死なない

自殺をしようとする人も、最初は希望と未来をもって物事を進めていこうとしていたことでしょう。それがいつしか否定的な考えに移行し、エネルギーを失ってしまうのです。そして、何かを失ったときのことを思い悩み、怖れのエゴが出てくるのです。

ある人は、「私は世間で過ちを犯したから、世間の人に顔を合わせることができない」と罪意識を感じます。その罪意識がさらに自分を苦しめてしまいます。今まで逃げずに、なんら悪いことをせずやってきたというのに、何かのきっかけで邪魔が入り、自分が原因でなくても苦しむのです。

さらに、自分によって、世間の中で家族や友人が苦しみます。このことが、もっと本人を苦しめるのです。そして、「自分がこの世にいると人々を苦しめてしまう。私さえ消えれば、みんなの苦しみがなくなる。私さえいなくなれば平和になり、他の人に幸福をもたらすことができる」と思い、自殺を選択してしまうのです。

確かに「人のため」ということで、良い心の動機には見えますが、これではカルマは決して浄化されません。

魂は常に、体という家を変えて生きていきます。体という家を変えても、魂は心とともにあり、心に記憶は残るのです。

実のところ、すべては自分の心、エゴが原因となって、引き起こされているのです。

命は尊く、重要なものです。神は、自殺させるために、人をこの世に送ったのではありません。人は自然に生き、生を全うして死ぬべきものです。学びのために与えられた生を、心の誤った判断のため、エゴのために断ち切ることは、大きな傷を残すことになります。みんなで、そうした行為から守り、救ってあげなければならないのです。

自殺をしたら、苦しむ魂になる

自殺を企てる人には、ある根本的な誤解があります。それは、命を絶てば、すべてがなくなると思い込んでいることです。

しかし、自殺をしても、依然として世界はあります。あなたがこの世にいる前から世界はありますし、体を切って亡くなっても、心は消えません。心の苦しみは終わらないのです。心の記憶や意識はそこにあるのです。プラーナが、そして考えるパワーが、アストラルという細かい体の中に残されているのです。

従って、自殺した後に、とても苦しむ魂になってしまいます。もちろんその行為そのものも、深いトラウマになっていくのです。苦しみをかかえたアストラルの体をもつ幽霊になってしまい、うろうろとさまよいます。しかも、幽霊では誰からも愛されず、居場所がありません。先祖も自殺した霊を快く迎え入れてくれません。

私たちが生まれてきたのは、自殺をするためではありません。愛を与えるために生まれてきたのです。この体は神がくれたプレゼントです。この世界で自分を成長させ、真理に気づくために体を与えられたのです。もしこの世界が嫌いなら、この世界に住む方法を変えることです。人を愛することができないなら、まず自分を愛するようにするのです。そして無償の心、宇宙的愛を発達させていくことです。そうすることが自殺を少なくすることにつながっていくのです。

今与えられたことを一生懸命行う

人は何かを作るためには苦しむものです。新しい出会いのとき、新しいものをつくるとき、成長するとき、生まれるとき、そこには必ず苦しみが伴います。人は苦しみの後に生まれてくるのです。ですから、苦しみに負けてはいけません。その代わり、自分を変えるとよいのです。自殺を考えるのではなく、心を変容させ、新しく生まれ変わるのです。自殺は体を傷つけるのみではなく、心を傷つけ、魂を傷つけ、自分の心に、そして家族や友人に苦しみの記憶を残します。それらが皆カルマとなって、影響を及ぼしてしまいます。

自殺をするというエゴの考えは、一時的に苦しみから逃れられるという幸福感を生ずるかもしれませんが、それはあまりにも自分勝手というものです。自殺のことを思ったときこそ、自分を変容しなければならないのです。自分を死に追いやるのではなく、その体を活かして、新しい考えを持ち、クリエイティブな人にならなければなりません。その力があるなら、すべてを捨てたいなら、その力で悟りに向かうことです。

この世界でどのように生きていくのか、どう新しいことをするのか、そう考えていくためには、心の変化が必要です。一つの事柄に執着するのではなく、それを手放し、変容するのです。体に変化を与え、心に変化を与える、さらには深い根源のところから変容するということです。

そうはいっても、心を瞬時に切り替えることは簡単にできることではありません。高い次元のパワーにつながることによって、初めてそれができるのです。そのために、日頃からそうしたことを心がけることが大切なのです。そうしていくうちに、どんな困難であっても、自分を根源から生かしめている大きな力の助けによって、乗り越えられるようになるのです。

私たちの、この体と心は、成長していくために与えられたものであり、あなたのものではないのです。私たちは、今与えられたことを一生懸命行うことが大切です。体と心と言葉という三つのエネルギーを一体にして、無心で気づきをもって、行います。心の思いはあなたではありませんから、心の思いを外します。そして心身を浄め、変容します。すると、あなたの心にあるエゴが消え、心に隙間が生まれてきます。それを早く起すのには瞑想修行を行います。

また、ヤギャという護摩焚きを行えば、自分の意識を変容させると共に、他者の運命をも変えることができます。もしあなたの身近に、あるいは先祖に自殺した魂があるのなら、その人を供養しましょう。変容のエネルギーを持つヤギャによって、宇宙空間のエネルギーが変わっていくはずです。

心と体と魂の関係

ここで、心と体と魂の関係について考えてみましょう。

「心と体はわかる。でも、魂とはいったい何なのか」

そういう疑問を持つ人も多いでしょう。

魂とは、すべてを創り出している創造の源、神から離れた分身です。つまり神の一部であり、神と同じ性質をもった存在です。その魂から、体と心がこの世に送り出されてきたのです。

体は、物質の源であるプラクリティという元素をもとにしてつくられたものです。プラクリティは、さらに五つの要素、空、風、火、水、土へと現象化し、混ざり合い、形のないものから形あるものへと作られてきました。

心は魂から生まれました。心の中には、アスミタ（私という意識）が生まれ、アンカーラ（エゴ）、さらにチダ（意識）、ブディ（理解する意識）ができ、発達していきます。

心は感覚によって刺激され、さまざまな体験をします。心には、体験を理解したり、感情として表わしたり、記憶したりする、さまざまな機能があります。

そして、何よりも心は、強力なパワーをもっています。心をどう育てるかによって、自分勝手な利己主義の心にもなれば、社会的な心にもなります。うまくコントロールすれば、エゴを落とした、宇宙的な心へと発達させることもできるのです。

魂と心は異なるものであり、本来の自己は魂にほかなりません。すなわち、すべてを支え、エネルギーを送っているのは、太陽のような存在である魂なのです。ところが、ほとんどの人は、心が魂を支配している状態になっています。心があまりに発達しているので、心が自分だと思い込んでしまっているのです。

しかし、すべてから自由になるには、神の分身である魂にさかのぼって変容させる必要があります。それこそが、本当の自分自身になることであり、セルフ・リアライゼーション（自己実現）と呼ばれるものなのです。

このように、私たち人間はみな、心と体と魂という三つの要素から出来ているのですが、それぞれのところに問題が起きると、体の具合が悪くなったり、心がうまくコントロールできなくなったり、生命エネルギーが枯渇してエネルギーがダウンしたりします。

そうした自分をマネジメントするには、個を超えた宇宙的愛をもって、すべての現象に感謝しつつ、それでいて現象に執着してとらわれないようにすることが大切です。そして、それを喜んでいる自分もクールに見つめるとよいのです。

そのように意識を変えると、体が変わり、心も変わり、すべてが変わっていきます。たとえ、すぐには感じなくても、浄化が進むにつれて、どんどん良くなっていくことを実感するでしょう。たとえば、睡眠が深くなり、それによって仕事の能率があがり、本来持っている才能を発揮することができます。それができれば、自分が幸せになるだけでなく、家族も幸せになります。意識を変えることで、このように好循環がもたらされるのです。

霊の中には心の記憶が残っている

スピリチュアルの世界では、魂とはまた別に、霊という言葉をよく使います。では、霊とはいったい何なのでしょうか。

結論を先にいうと、霊とは心と魂のことです。ですから、霊は死んで初めて出来るものではありません。生きていても霊は肉体の中にあります。そして、死んで体がなくなり、心と魂が体を離れたものもまた霊であるわけです。その霊の中には心と体の体験の記憶であるカルマが残っています。前述したように、生まれ変わりのために働くサンスカーラと、未来の現象を起こすプラダブダというカルマです。

魂と霊については、ときに混同してとらえられていることも多いようです。

魂は、英語でいうソウルにあたり、サンスクリット語ではアートマンと呼ばれます。本来、魂は純粋な存在で、そこにはカルマがありません。神の分身であり、そこには心の記憶はないのです。

霊は、カルマを持った心と魂とが一緒になっている存在と考えればよいでしょう。霊は英語のスピリット・ボディ、あるいはアストラル体にあたります。ただし、キリスト教ではスピリットはソウル、魂を示すので、注意してください。その考えでいくと、お化けも先祖の霊もスピリットになるわけです。

エンジェル（天使）も、ある種のスピリットといってよいでしょう。エンジェルは、私たちを助けるためにやってきてくれる神性のエネルギーです。ヒンドゥー教には、キンナールやガンダルバというエンジェルがあります。

悟りはカルマを浄め、神のクオリティである魂になっていく修行です。霊は悟りの人には近づきません。ただし、霊が救いを求めて、霊に関心を持っている人に現れることはあります。

いわゆる天国、極楽はあるのか

天国と地獄の話はどの宗教にもあります。キリスト教、イスラム教、仏教、ヒンドゥ教など、さまざまな宗教ばかりか、世界中の神話や伝説や民話などに伝えられています。

インドの神話「プラーナ」には、天国と地獄のことが書かれています。この世で罪を犯すと、死んだ後、地獄に落ちるとされています。善行をし、人を助け、布施をし、神を信じ、祈り、瞑想し、心を浄め、マスターに奉仕する人は天国に行くといいます。

生まれる前からの思いや行為、今生における思いや行為のすべての結果は、カルマとなって記憶され、今生においてもその影響を常に受けるのです。しかし、それだけではありません。来世においても、また来世生まれてくるまでの体のない状態、すなわち霊の状態でいるときにも、カルマに従ったさまざまな結果の状態の責苦を受けるのです。

死ぬ時は、肉体からアストラルという細やかな目に見えない体が抜け出て、そのため今まで生きていて体験した事柄を、走馬灯のように一気に見ることができます。すべては、そのアストラルの体に記憶されているのです。死んでいく時、肉体を離れ、霊になっていくプロセスで、心にさまざまな執着があり、エゴのかたまりがあると、体が溶けて宇宙の元素に還っていく状態になるときに、苦しみを体験します。

霊になってからも、地獄の神が、苦しめるための体を与えるといいます。そして、その人に対してカルマに沿ったさまざまな苦しみを与えるのです。

つまり、カルマを浄めていないと、さまざまな苦しみが、死んだ後も待ち受けているのです。しかも、重要なのは、死んでからは肉体がないということです。死んでしまっては、もう修行してカルマを浄めることはできません。死んでからでは、悟りを得ることができないのです。

天国と地獄は、今そこにもある

天国と地獄はけっして死んでから行く場所だけではありません。今この体をいただいて、さまざまな事柄が起きていることの中で、天国と地獄があるのです。

人々を愛し、愛され、なんの苦しみもない。しかも才能に恵まれ、健康である。こうした生き方ができているのなら、それは天国のような生き方です。

反対に、自分は悪いことはしていないのに、いつも傷つけられたり、あるいは無意識に傷つけたり、心の悩みが多く、心がストレスを感じ、苦しく不幸であること。あるいは、病気でいつも心配ばかりして、体に手術でメスを入れられて、切り刻まれて苦しむこと。それこそ地獄の苦しみであるのです。

そうした地獄のような世界を離れて、天国に行くのにはどうしたらよいのでしょうか。それは、真理に目覚め、体と心の真理を知り、覚醒して生きていくことです。それができた時、すべてのカルマから自由になり、カルマや心に翻弄されない生き方ができるのです。すなわち、慈愛に溢れ、すべてに感謝でき、自然に天国にいるような生き方です。

サマディのプロセスにも天国を見ることができます。すでに説明した通り、サマディは生と死を超え、神となる修行ですが、その瞑想が深まる段階で、さまざまな体験があります。

まず、五つの元素である、土、水、火、風、空の浄まる過程では、それぞれの体験で、豊かなヴィジョンを見ます。さらに、カルマが浄まることで空《くう》となり、体がないような感覚になり、肉体の苦しみから解放され、美しいヴィジョンを見ます。

サマディへの道は、すべてを創りだした根源の存在に還っていく旅です。肉体を超え、アストラルの体、さらにコスミックの体になるというサマディ体験のプロセスは、まさに天国を体験するものなのです。

私たちの存在は根源から送られてきた

私たちがこの世に生を受けたのは、けっして偶然の出来事ではありません。私たちは、根源の存在である神の意志によって、目に見えないところから旅をして、この世に送られてきたのです。

宇宙からやってきたあなたの魂は、真理を体験するために、旅人として、この地球にやってきました。そして、形のある存在となり、学びを通じて常に成長して、豊かな人になっていくために生きているのです。あなたは、真理を悟ることで神とひとつになり、自分の魂とひとつになり、存在とひとつになります。あなたの愛が、宇宙の愛とひとつになる、それがサマディです。

そのメカニズムを知っていくと、あなたは、なんの苦しみも迷いもなく、存在そのもの、パワーそのもの、知恵そのものになり、すべての束縛から自由になることができるわけです。

悟りによって、カルマというプログラミングを変えていけば、運命は変えることができます。それまでは運命に流されて生きていたとしても、根源の世界に気づくことによって、自分で選択をして生きていけるように変わるのです。

本当の自分に還るための道がサマディへの道であり、悟りへの道であり、セルフ・リアライゼーション、エンライトメントへの道です。

サマディへの道は、最終的には、死を超える旅と言い換えてもよいかもしれません。といっても恐れる必要はありません。死というのは、新しく生まれ変わるためのプロセスであり、あなたは、本当の自分になり、心と体を超え、自由な身になり、再びこの体と心のレベルに、それまでと違う、変容した意識をもって戻ってくるのです。そうすることで、あなたは、この社会にいながらにして、悟りを得ることができ、自由な人になることができるのです。

宇宙にある光と音

宇宙のすべては音と光から生まれてきました。私たちのこの存在も、音と光から生まれてきたのです。そして、その音を通して、光を通して、根源へと戻っていきます。

宇宙には音と光があることは、科学的にも証明できます。物質を砕いて、目に見えないところまで細かくしていくと分子になり、さらに細かくすると原子になることはご存じでしょう。原子は電子、陽子、中間子からできており、さらに原子は素粒子になり、その微細な物質がさらに波動になっていきます。それが光となり、音となるのです。

たとえば、雷は最初にピカッと光ってから、ごろごろと音が鳴ります。これもまた、根源に光と音のエネルギーがあることを示しています。そうした根源の音から生まれた波動の瞑想、つまりサマディ瞑想によって、その波動のシャワーを浴びて、心をその波動とひとつにすることができれば、あなたは雑念から解放されて、静かな心になります。そして、心身のバランスが取れるようになるのです。

聖なる存在への讃歌を歌うことも、心と聖なる波動をひとつにして、心身のバランスをとる良い方法です。それを内側で唱えたり、あるいは声に出して唱えるのがチャンティング（唱和）です。

ギターの弦をはじくと、その音は丸い空洞に反響して波動が広がり、大きな音になりますが、チャンティングではこれと同じことを、あなたの体で行います。

あなたの口がギターの胴の開口部であると想定し、身体の中が空洞だと思ってください。静かにゆっくり「ウオアエイ」と声に出していくと、全体がマッサージされて、頭の隅々、背中、おなかなど、全部にいきわたります。これは、チャンティングのひとつの効果です。

聖なる音を楽器の音色に揃えて、声に出して歌ったり、ストーリーを歌ったりする方法もあります。それはチャンティングとなるだけでなく、歌詞の内容が祈りであるときには祈りの歌となり、歌詞が神話のストーリーになっているときは、ヴァジャンという種類の歌になるのです。

インドには多くの神々がいますが、そのうちでもラーマは、道徳的な善なるエネルギーであり、インドでは昔から、そのエネルギーを神格化したストーリーが伝えられてきました。そうしたイメージをもって歌うのです。クリシュナのストーリーもよく歌われます。そうした歌をインドの人は聴くのが好きであり、歌を歌うマスターのところには多くの人々が集います。

私たちの耳に聞こえる音を、ずっとたどっていくと、そうした根源の音にたどりつきます。その音の種を、あなたに植えつけると、あなたは音そのものになります。そして、その波動とともに、その音が生まれた根源へと戻っていき、存在とワンネスになる（調和して一体になる）ことができるのです。

純粋意識を誉めたたえる

チャンティングについて、もう少し詳しく説明しましょう。

インドの人は信仰深いので、神様に恋いこがれて、小さいときから、人間を超えたレベルの意識にチャンネルを合わせて、神様をさまざまに誉めたたえることをしています。それがまさにチャンティングです。神様の名前を呼んで、愛をもって歌っていくことによって、力強く純粋な愛が育まれ、それだけでハッピーになるのです。

何千年も昔に、ヒマラヤで瞑想していた偉大なる神人にシヴァがいました。彼はニルヴァーナ（涅槃）のエネルギーの神であり、彼こそがヨガや瞑想を発明した方です。シヴァの意識というのは、非常に純粋なものであり、あなたの中にも、それと同じ純粋な意識があります。それをたたえるのです。

ヒマラヤ秘教には、さまざまな神々や聖者を誉めたたえる祈りの言葉があります。誰でも、誉めたたえていると気持ちよくなるものです。良い言葉を発すると、その波動は自分に返ってきます。相手も幸せになって、あなたに良い気持ちを返してくれるからです。逆に、あなたがののしると、相手もののしり返します。だいたい同じ波動が引き合うわけです。

そもそも、声を出すこと自体が、心身のバランスを整えるための、すぐれた方法の一つでもあります。昔から、「物言わぬは腹膨るる思い」といいますが、私たちは声を出すことでエネルギーが解放されて、スッキリします。

「アー」と声を発することによって、お腹が竹の筒のように空っぽになります。身体を楽器のようにして、声を発していくと、その波動で、あなたの全身の細胞の核までが洗われて、シャワーを浴びたように、きれいになっていくことでしょう。

また、声を出すことによって、しっかりとものを表現できる人にもなるというメリットもあります。さらに、息をハァーと吐いて、深い呼吸になりますから、酸素が十分に身体全体にいきわたり、内臓もマッサージされて健康にもなります。

チャンティングは、とてもスピリチュアルな行為です。

第9章

瞑想で本当の自分に還る

――変容のプロセス

人生における瞑想の大切さ

人生における最終の目標は悟りです。つまり、あなたが本当の自分自身に気づくことこそが、生きることの本当の意味なのです。それは、どこへも行かず、今ここにいるということであり、本質の自分に還るということです。

しかし、人はいつも、どこかへ行きたがります。何かを求めていきたいのです。そして、欲望をもって動きまわり、さまよい、落ち着くことができません。そうした気持ちを変容し、空っぽの心にする修行が瞑想（メディテーション）です。瞑想は、今ここにいることであり、ただじっとして動かないことです。

瞑想を始めて、座ってじっとしていると、だんだんと体がほぐれ、心がほぐれてきます。そして、血が身体ではなく、心のほうに集まります。目を閉じると、それまで外に漏れていたエネルギーが、漏れずに内側にたまってくることを感じるでしょう。

やがて、緊張していた脳がゆるみ、脳の働きが活性化され、浄化されてきます。耳にはもはや外の声が聞こえなくなり、外に意識がいかなくなります。そうして内側の声が聞こえてくるようになり、耳もまた活性化され、浄化されます。

瞑想とは、何もしない行為ですが、そこに大きな意味があります。

ふだんの生活でも、昼間に刺激を受けていたことや、ある現象を見て興奮したことが、夜になって夢に現れることがあります。それと同じように、何かこだわりのあることが、瞑想の中で浮き上がってくることがあります。あたかも、抑えていたものが夢のなかで解放されるように、瞑想をすることによって、自分の内側に隠されていたこだわりや思い込みが突然現れて、音をたてながら放電するのです。

しかし、驚くことはありません。それは浄化のプロセスであり、また自分に気づいていくプロセスでもあります。それを通して、あなたの内側は次第に静かになっていくはずです。

マハヨガの呼吸瞑想法

ここで、呼吸法の一例として、マハヨガの呼吸瞑想法を紹介します。

呼吸とは意識と無意識のはざまにある現象です。その呼吸に意識を向けることによって、自分の見えない内側に気づき、内側のバランスをとることができるようになるのです。従って、この呼吸は、さまざまなエネルギーのバランスをとる瞑想であると同時に、気づきの瞑想、やすらぎの瞑想でもあります。

■マハヨガの呼吸瞑想法

楽な姿勢で座ります。
両手の平を下に向け、膝の上にのせます。
目をつぶります。
背骨を伸ばして、肩の力を抜きます。
次に、呼吸の呼気と吸気に、意識を向けて見つめます。
素晴らしい、やすらぎの世界に導かれていきます。
五分たったら、伸びをして、目を開けます。

瞑想はリラックスできる姿勢で、楽しく、気持ちよく行います。そして、無理せずに続けることが大切です。
場所は、静かで風通しのよいところを選びます。体が痛まないように、絨毯か毛布を敷くとよいでしょう。時計やアクセサリーなどは外し、動きやすい服装で行います。

それは無念無想の修行

あなたは心を超え、体を超え、さらに生を超え、死さえ超えることができ、悟りに達することによって、永遠の生命と真の幸福を得ることができます。あなたは、すべてを手に入れることができるのです。

しかし、そのためには、あなたの中の暗闇を掃除していかなければなりません。邪魔なものが数多くあると、そこに到達することはできません。さまざまな否定的な想いやエネルギーをほぐしていくために、毎日、瞑想を行っていただきたいのです。

瞑想にも、いろいろな方法がありますが、そのほとんどは集中法です。もともと瞑想というのは「解放」という意味をもっています。あらゆるものから解放されて空《くう》になっていく、その流れを瞑想というのです。

ここでは瞑想を上手に進めるポイントを説明しましょう。まず、一生懸命、意識して何かに集中しようと心がけます。たとえば、神様でもよいですし、山や渓谷のような大自然でもかまいません。何か外のものに集中するのです。外に集中することで、内にもそのことが起こり、内側への集中が進んでいきます。

呼吸に集中し、波動に集中し、エネルギーのセンターに集中し、愛に集中し、瞑想に入っていくのです。それらのものになりきり、味わいつくすことで、すべてが消え去っていきます。

集中の対象が外れ、なにものにもとらわれない深い瞑想に入っていきます。それが空という、無念無想の修行につながっていきます。

雑念は空に吸収させていく

瞑想をしていると、あなたの中にある、頑固に固まって動かないところが溶けてきます。それがいろいろな想念となって、浮かんでは消え、浮かんでは消えていくことでしょう。そのさまを見ていていただきたいのです。

悪い想念はきれいさっぱり流していきます。エネルギーである心もまた、消え去っていきます。エンライトメントへの道、悟りへの道は、すべての想いを浄化して消滅させていくことにあるのです。もちろん、瞑想の中で良いアイデアが浮かんできたり、超能力が現れることもあります。それを目的として瞑想に励む人もいます。しかし、本当の悟りへの道には、それさえも雑念であり、手放していく対象なのです。

はじめのうちは、気にかかることがあって、次から次に想念が湧いてくると、終わりがない作業のようにさえ思われるかもしれません。しかし、瞑想を続けることで、最終的にはすべて空《くう》に吸収されていくのです。それらは思いの源に消えていく姿です。そしてノーマインド、空っぽの心になるのです。しかし再び雑念が浮かんでくることもあるでしょう。そうしたら、そのつど、それを手放していきます。

瞑想をして雑念が湧いたからといって、自分を卑下することはありません。雑念があることに気づくのは、ひとつの進歩なのです。その雑念は、突然湧いたわけではなくて、もともとあったものが現れたにすぎません。あなたの意識が、自分の中に入っていったことで、それに気づいたわけです。

あなたが、何か外のものに集中している時には、雑念は出てきませんし、あっても見えません。なぜなら、仕事や勉強や会話のように、外のことに一生懸命になっているときには、その事柄にエネルギーが注がれているため、中にあるものは固まったままだからです。

ところが、瞑想をして、あなたの意識や執着がそこから外れ、内側に向くと、湯気が立つようにほどけて、そして静寂にとってかわっていくのです。

無念無想を体験する

現代人の頭の中は、さまざまな情報でいっぱいになっています。従って、引っぱりだしていけば、芋づる式に、いろいろなものが、ぞろぞろと出てきます。良い思いも、悪い思いも、とめどなく出続けることでしょう。

心の中に心配事や気づかいなど、たくさんのものが引っかかっていると面倒です。そうした混乱で体の具合が悪くなってきます。そうなると、人は、マッサージを頼んだり、薬を飲んだり、物理的な刺激を与えることで、よくなろうとします。

確かに、そうした方法で一時的によくなることはありますが、それはあくまでも対症療法にすぎません。体の具合が悪いといっても、実際には単に体に原因があるだけでなく、ほとんどが心理的、機能的な要因が、複雑にミックスされているのです。なかでも心の状態は、その現象を強く支配しています。

そこで、根本から治していこうと思うなら、心を空っぽにすることです。空っぽになって心配がなくなれば、精神的に非常に楽になり、体の症状も消えていくのです。

空っぽになるということは、煩悩を取ることであり、非常に価値のあることだということを覚えておいてください。

瞑想によってそのすべてを手放して、自由な人になっていくことができます。

すると、あなたは、なんでもできる人になります。すべてを手に入れることができ、生命を赤々と燃やすことができるようになるのです。以前の重い心と体では、百の行動をしても一しか得られなかったものが、一を知って十を知る人になります。

瞑想によって、あなたの中に純粋な愛を出現させます。これは、あなた自身にとってプラスになるとともに、相手の生命を赤々と燃やし、相手を力づけることができるようになるのです。

瞑想をすることで深くやすらぎ、神のような愛をいっぱいにすることで、内側から癒しが起きます。そしてあなたは、今ここに、何もしないでいます。そう、あなたは、どこにもいかないで、今この瞬間に、ここにいるのです。それはなんと満ち足りた感覚でしょうか。それはカルマをつくらないということであり、本源のあなたに還る道なのです。

そして空っぽの状態から始まって、肉体を超え、心を超え、本当の自己になり、さらにそれを超えて、神となるのです。さらにそれを超え、すべてがそこにあるけれども何もない、つまり、無念無想を実際に体験していくのです。それが完全なる変容につながり、サンスカーラやプラブダというカルマを浄化しきった状態になるのです。

瞑想による変容のプロセス

瞑想とは、無垢の状態に還っていく旅です。瞑想によって、私たちがどのように変容していくのか、そのプロセスをたどってみることにしましょう。

あなたの体には土の要素があり、その土が溶けると液体になります。また、体の中には水の要素があり、その水の要素で体や心が柔らかくなります。

そして、水は火になっていきます。たとえば、火の中にバターを入れると、バターは液体になって、燃えはじめるでしょう。食べ物が体内に入ると、消化されてどろどろの状態になります。そして腸の中に吸収されて、体が熱くなります。燃えてエネルギーが出るからです。

その燃える炎の先端は、ゆらゆらと揺れています。今度は風になるのです。想いもふわふわと風になります。さらにその風が、空に吸収されて、空《くう》になります。

目に見える形からさかのぼり、本源の存在へ、こうしたプロセスをたどって、創造の源の存在にさかのぼって戻っていくことこそが、アヌグラハ・ヒマラヤ・サマディ・プログラムの瞑想の体験であり、悟りへの道、サマディへの道なのです。

体験談

瞑想のおかげで、子育てが楽で楽しいものに

東京・四十代、主婦

私は、瞑想を習った後のある日、朝起きてきた子供が天使のように見えて、しばし呆然としたことがあります。それまでも子供を可愛いと思ったことはありましたが、心の底から「愛」を感じたのはこれが初めてでした。「子供は天からの授かり物」などと頭で考えるのではなく、心の底からそう思えたのです。もちろん、今でも子供に怒ってイライラすることはあるのですが、いつも愛の存在とつながり、愛をチャージしていただいている自分がいるため、すぐに元の位置に戻ることができます。

最近、子供の病気を苦にして一家心中してしまったり、母親がわが子を殺《あや》めてしまったりするニュースを聞くと、いたたまれません。自分自身もヨグマタに出会わなければ、追いつめられて、そんなことになっていたかもしれないと思うからです。

子供も瞑想してヨグマタにつながっているので、私はいつも安心して子供を見ていることができます。子供は、現代人には少なくなっている宗教観のようなものを持っています。神（宇宙・大自然）に対する畏敬の念です。ヨグマタという実在を通して、神を意識することができるので、非常にわかりやすいのだと思います。

神に対する畏敬の念があると、自分の生命も他者の生命も大切に思いますので、他人を貶《おとし》めたり、傷つけたりしません。自分だけの力で生きているのではなく、生かされている存在だということを知っていますので、他人に対する変な優越感や劣等感はありません。

また、考え方のベースに、そうした神に対する畏敬がありますので、「暴力はいけませんよ」「イジメはいけませんよ」ということを懇々と教え諭さなくてもいい、というのは本当に親にとって楽なことであると思います。

これから思春期となり、さまざまなこともあると思いますが、親も子も絶対的な安心感があるので、ゆったりと構えていることができます。こんなに楽で、そして楽しい子育ての方法があるということを、悩み、苦しんでいるお母さんたちに伝えてあげたいと思っています。

インナーピース瞑想

ここで、インナーピース瞑想を紹介しましょう。それは静けさと心の平和をつくりだす瞑想法です。

私たちの体という小宇宙の呼吸の中心は、いったいどこにあるのか、そして、それは宇宙の中心と、どうつながっているのか。そこを意識しながら、瞑想するのです。

■インナーピース瞑想

楽な姿勢で座ります。

両手の平を下に向け、膝の上にのせます。

目をつぶります。

鼻から吐く息に意識を集中します。吸う息でなく、吐く息に意識を向けるのです。

もちろん、吸う呼吸も行っています。

そして、自分の体と、宇宙の中心がどうつながっているのかを意識します。

五分たったら、伸びをして、目を開けます。


このインナーピース瞑想法は、イメージ・トレーニングに最適で、心を安定させることができます。心が離れて静けさが生まれ、体と心の調和が出現します。

そして、物事をより理解することができ、また物事を実現するのに役立ちます。

取り越し苦労や遠回りをしなくなる

体のどこかが痛むようなとき、それを気にして「痛い、痛い」と騒いでいると、ますます痛みが大きくなります。痛みによって、心配や不安といった心の働きにつかまってしまう人もいます。

そんなときは、瞑想によって、心を超えた存在、神の波動に自分をゆだねるとよいのです。瞑想でその痛みを見ていくと、痛みが消えていくことに気づくでしょう。

私たちの内側はとても神秘的なものです。そうした気づきを深めていくと、「ああ自分は、どうでもよい不必要なものばかりに、とらわれていたな」とわかってくるはずです。

ここに挙げた痛みはほんの一例です。私たちは、まったく意味のないもの、つまらないことにこだわって、自分を鞭打ったり、他人を攻撃していたことにも気づくでしょう。よかれと思ってやっていたことが、どれだけばかばかしいことだったかに気がつくに違いありません。あるいは、まったく意味のないことなのに、やたらに自分をごてごてと飾りたてていた愚かさを知るかもしれません。

あなたは、そんな人生ではなく、もっと生き生きとした、真の生き方を知るとよいのです。その助けになるのが、自分の内側の豊かさを発見できる瞑想なのです。

瞑想とは真理について気づいていく作業であり、あなたのもろもろの煩悩を消滅させていく作業です。瞑想を続けることによって、充実、満足、平安、喜びが、心の奥底からおのずと溢れ出てくるようになります。

従って、瞑想者は、瞑想していない人にくらべて、はるかに楽に生きていくことができます。もっとも、瞑想していない人は、心配の心が同一化され、苦労しているという自覚はないでしょう。しかし、瞑想してカルマが浄化され、楽に生きられるようになると、はじめて、それまで自分が苦労していたことがわかります。人はふだん苦労をするのが当たり前になっていて、わからないのです。

また、瞑想をしていくと、最小のエネルギーで、最大の効果をあげることができるようになります。省エネになるわけです。人は、無駄な欲にふりまわされて、やらないでいいことをして、取り越し苦労や遠回りをして、疲れています。たくさんのエネルギーを使って、効果が少ないことをしているのです。

そのため、多くの睡眠時間を必要とし、また気をつかわないと幸せになれないと思って、よけいな気づかいをしてしまうのです。そんなことをしなくても、瞑想によって自然にあなたからエゴのない宇宙的な愛がほとばしり出るようになれば、すべてがうまくいくのです。

癖を落とし、心身を元に戻していく

現代人のエネルギーは、寝ただけではなかなか回復できなくなってしまっています。本来、寝ることには、心身をリラックスさせ、エネルギーを蓄え、元に戻すという作用があります。適度な睡眠をとることで、疲れたり傷ついたりした心身は、自然に元に戻るようにできているのです。

ところが、ありあまる情報の渦の中で暮らしている現代人は、欲に向かってすさまじいエネルギーが流れているために、その興奮が睡眠をとるくらいでは静まらないのです。食べ物もまた不自然なものが増え、生活全体が複雑怪奇で人工的なものになってしまったため、ちょっとやそっと寝たくらいでは心身が元に戻らなくなっています。

さらに、あらゆる行動の印象は、記憶となって心と体に刻まれています。そこにこうした体験のストレスが加わって、膨大な残留エネルギーとして固まっているのです。

そうしたストレスや残留エネルギーを溶かすためにも、毎日、朝晩、瞑想することは大切です。波動の瞑想やクリヤの瞑想をすることで、体の中心にさかのぼり、心の中心にさかのぼり、純粋な存在に還っていくのです。そして気づきを深めていくのです。そうすると、全体の調和がとれて、あなたは本来の姿に戻り、疲れを知らない人になっていきます。

また、瞑想によってこだわりが取れてくると、全体が見えるようになり、直感が鋭くなってきます。視野が広がり、いろいろなものが見えて、生きるのが楽になっていくことでしょう。

この世で、私たちを最も苦しめているものは欲望と無知です。でも、必要に見える欲望も、少し立ちどまって考えると、まったく必要でないことも多いのです。そうした欲望もまた、瞑想によって落とすことができます。

欲望というのは、心が枝葉の方に向くことで起きるものです。しかし、瞑想によって、あなた自身を中心に据えることができれば、欲望は自然に落ちるのです。そして心が純粋になることで、真理が現れ、無知が消えるのです。

本来ならば、強いカルマを浄化するには、ひとつひとつ、生きるプロセスで、その体験を積み重ねていかなければなりません。しかし、人が膨大なすべてのカルマをいちいち体験していたら、いくら時間があっても足りず、疲れ果ててしまうことでしょう。人が悟るためには、カルマを浄化し、解放していくことが不可欠なのですが、本来瞑想をしても、それには何生も何生もかかると言われています。ところが、サマディヨギから生まれたヒマラヤ秘教の、段階をおった瞑想は、すみやかに効果的にカルマを落とすことができるのです。

瞑想は上手に死を超える練習でもある

瞑想は悟りへの道であり、心を空っぽにし、完全にリラックスするための行です。

私たちの心は、自分が好きなものと結びついています。それを執着というのですが、その執着を抱えながら死ぬ、つまりカルマを背負ったまま死ぬと、そのまま欲望の世界に行ってしまいます。それでは、死後に苦しむことになってしまいます。

ですから、生きているうちに執着を取り外して、自由になって死んでいただきたいのです。つまり、毎日、善なる行為、善なる思いを行い、きれいにカルマを浄化して、瞑想をして心を空っぽにしていってほしいのです。瞑想、それは創造主がこの体と心を送りだし、成長したプロセスをさかのぼり、元に還っていくことです。

瞑想はまさに「生を超え、死を超える練習」です。瞑想はすべてをゼロにして静寂になり、そして出直すわけです。瞑想によって日ごとに新しい生命をいただく、と言い換えてもよいでしょう。

また、心と体を深く休めることで、呼吸もなくなったかのように小さくなり、「ああ、死も怖くないなあ」と理解でき、その後、本当に豊かに生きることができるのです。だからこそ、瞑想はより良く生きるための基礎づくりだと述べたわけです。

瞑想をすることで意識が進化し、心と体に振り回されず、執着なく生きるようになれます。時間と空間を超え、体も心もストレスを受けることなく、究極には不死の人（イモータル）になるのです。

瞑想とは、無駄な働きのないリラックスした状態であり、生きているけれども活動しない状態であり、時間と空間を超えるものです。それは死を超えた状態です。その休息の中に内側が目覚め、生命が躍動しているのです。

あらゆるものに表と裏があることを知る

ロールシャッハ・テストをご存じですか。白い紙に黒いインクのシミのようなものが描かれており、それが何に見えるのかを試す心理テストです。

たとえば、見方によって美女に見えたり、老婆に見えたりするものがあります。おそらく、自分の中で美女を強く思っている人には美女に、老婆を強く思っている人には老婆に見えるのでしょう。

これと同じように、あらゆる物事には見方によって二つの側面があります。あなたは、美味しいものを食べている時だけが幸せだとか、好きな人といる時だけが幸せだとかいうかもしれません。しかし、美味しいものであってもずっと食べ続けると具合が悪くなり、どんなに好きな人でも二十四時間一緒にいると嫌になってくるかもしれません。

何事にも表と裏があるわけであり、それを知らなくてはなりません。ところが、こだわりがあるうちは、表だけあるいは裏だけしか見えません。好きな人に執着していると、その人の表の部分しか見えないでしょう。また、自分に与えられた仕事がつまらないという、とらわれがあると、その仕事の裏の部分しか見えません。

しかし、あらゆるものに表と裏があるのです。裏しか見ていない人は、瞑想によって、物事を肯定的に見るという練習をしていかなければいけません。逆に、表しか見ていない人は、必ず裏があることを知って、それを超えていかなければならないのです。

それができないでいると、好きだ嫌いだという心の働きや執着に翻弄され続けてしまい、あなたにはいつまでたっても、安らぎが訪れないのです。

たとえ、あなたが自分自身を嫌いだと思っていても、自分自身とは一日中付き合っていかなければなりません。嫌いなままにするのではなく、自分を愛するように学び直していく必要があります。瞑想をすると、無理なく自分自身を愛せるようになるのです。

罪や汚れを払いのける浄化法

神主さんが両手で御幣をシュシュッと振って、お祓《はら》いをする姿は、どなたも見たことがあるでしょう。あの動作には、どういう意味が込められているか、ご存じでしょうか。

あれは、罪や穢《けが》れのような、汚れたものを払いのけるという意味があるのです。

おもしろいことに、アメリカで見たプラーナ療法にも似たような動作がありました。洗面器に水を張って置いておき、ヒーラー（ヒーリングを行う先生）が、参加者の前をシャッシャッと手で払ってから、洗面器の水の中に、すかさずそれを捨てるような動作をしていました。肉眼では穢れを取っているのか、そこら中にまき散らしているのか、よくわかりませんが、説明によると、プラーナのうねりが乱れていると心も乱れるので、参加者のプラーナを整えるためにやっているのだとのことでした。

穢れを払い、心の汚れを取るために、嫌なことを紙に書いて燃やす方法もあります。また神仏などに対して、懺悔して吐き出して、悪い心が消えたというイメージを持たせる方法もあります。このように、いろいろな心の浄化法があります。

お布施をするというのも、そうした浄化法のひとつです。欲の心がすべての重さの根源ですから、お布施は一番大切であるものへの執着を、実際の外側の行為によって手放し、心を軽くしていくものです。

そのように心を軽くするという点では、サマディ瞑想やクリヤ瞑想が根源的、かつ効果的であるといってよいでしょう。瞑想をしていくと、欲望こそが重いものの根源であることがよくわかり、まるで透明な空気の中をすいすいと泳いでいるように、心が軽くなります。

それに対して、ふつうの人の人生というのは、水銀も入った、ねっとりとしたドロドロした水の中を、必死によたよたと歩いているようなものです。

前述したように、心は嫌って排除する性質と、嫌っていながらも、それにとらわれる磁石のような力がありますから、生きていくうちに、なんでも吸い寄せてしまいます。人によっては心が発達しすぎて、それが顕著になっています。自分の関心のあるものはもちろん、関心のない、どうでもいいチリやガラクタまで、あれこれ引き寄せてしまうのです。

そうして引き寄せてできたものがカルマです。その引き寄せたものを、上手にかき分けながら泳いでいければよいのですが、それができないために、汚れた固まりを拾ってしまいます。そして、その固まりが大きく重くなっても、それを取り除ける方法を知らないわけです。

犬を見ていると、水が体にかかっても、体をブルブルと震わせることで、遠心力で水を散らしています。私たちもそんな風に、心の汚れを振り払い、浄化するとよいのです。

私は、それぞれの人にあった浄化を行い、その人ができるだけ早く、良い瞑想ができることを助けています。とくに、カルマの浄化法というアヌグラハによるプラーナのコントロールや、ヤギャによるカルマの浄化が効果的です。

歯磨きをする感覚で、日々少しずつ瞑想をする

瞑想をすると、自分自身が楽になるとともに、相手にとって何が必要か、ということが直感的にわかるようになります。職場や家庭において、上手な手の差し伸べ方ができるため、人間関係も豊かになっていきます。

瞑想は、心の薬、魂の薬、体の薬という、目に見えない聖なる音や光の波動の薬を飲むことでもあります。その薬が効いてくると、古いエゴがもがき苦しんで、あなたも苦しく感じる時があるかもしれません。すぐには効いていないようでも、じわりじわりと効いているからです。

やがて、体重が減ってスマートになったり、体重が変わらないのに体型が引きしまったり、ま

た心が軽くなって楽になります。何を食べてもおいしく感じられ、苦手な人がなくなっていきます。そして、何を見ても幸せに思え、喜びが内側から湧き出てくるようになるのです。自然と、おおらかでいて、すべてを理解できる人柄になっていきます。

そうして内側から磨いていくと、才能がどんどん開花していきます。内側を磨けば、外側も変わってきます。顔立ちは端正であると同時に、上品で知的になり、男の人は男らしく、女の人は美しい人に変わっていくことでしょう。周囲の人も、その雰囲気から、本当に穏やかで、なんとなく気品のある人だなと感じるようになるのです。

そこまで行くのには多少時間がかかるかもしれませんが、歯磨きをするような感覚で、毎日少しずつ時間をとって、瞑想を地道に続けていくのがよいでしょう。すると、何ヵ月もすれば、必ず大きな差がでてきます。もちろん、そうなることを信じるのが大切であり、それによってさらに素晴らしい効果が上がるのです。また、個人セッションで受けるアヌグラハの瞑想や、サマディ・リトリートでは、最速で一瞬にしてすべての苦しみが取れ、美しく生まれ変わることができます。

瞑想によって、人生が豊かなものになり、あらゆる時間が充実したものに変化します。懸命に仕事をしている時はもちろん充実し、仕事をしていない時も充実し、寝ている時も充実し、食べているときも食べていない時も充実し、仕事がない時も充実し、お金がない時も充実し、病気の時も充実し、このように常に充実していくのです。

体験談

思考が消え、体が消え、瞑想が起きる

東京・五十代男性、会社員

私は、ヨグマタに出会う前にも、有名な団体の瞑想法を十二年間続け、また中国で気功法などを数年間経験しておりましたが、いつも雑念が出てしまい、瞑想の確固とした実感がありませんでした。以前から「ヨグマタ」の瞑想のことは気になっていましたが、ふと手に取ったヨグマタの著書を読んで、これぞ本物の中の本物であるという直感が働きました。

ヨグマタの瞑想を始めて、まだ一年もたたないのですが、徐々に無心の体験が長くなってきている実感があります。内面が一日一日充実していき、深い瞑想体験が安全に快適にできるようになりました。そして、先日秘法を受けさせていただいたとき、突然体が本当になくなり、雑念も何も消え、意識だけで見つめているという自分がいました。本当にすごかったので、感激で声を出して喜びたい感じでした。以前は瞑想をやっていても、うわーっといろいろな悩みが湧いてきて、それでも仕方がないと心から流してはいたのですが、その体験はけっして忘れられません。

これが瞑想が起きるということなのだと、ヨグマタのおっしゃることが腑に落ちました。日本にいて「ヒマラヤの秘法」をかくも簡単に体験できていることのありがたさ、嬉しさ、楽しさに、小踊りしたいくらいの感動でいっぱいです。

一子相伝の真理の秘法は、一生涯かけて、ようやくひとつ編み出せるものなので、全財産を投げうってでも手に入れるぐらいの気持じゃないと伝授されない、と聞いていたのですが、その秘法がいくつも

あって、胸が熱くなります。あまりにも気づきが多く、言葉では言い尽くせません。無限大の感謝、合掌です。

自己流の瞑想法はむしろ危険

書店に行くと、書棚にはさまざまな瞑想法の本を見ることができます。しかし、それはどれも著者が自分だけの方法を記録するために書かれたものといってよいでしょう。

どのような瞑想がその人にふさわしいのかといえば、人によって千差万別です。自分に合っていない方法や自己流で瞑想をすると、むしろ危険なのです。

以前、猫や犬などのペットをかわいがっている人が自己流の瞑想をして、動物の気持ちを表現していたら、狼が出てきたということがあったそうです。それは極端な例ですが、瞑想を心だけでやっていると、エゴが強まってくるという欠点があります。つまり、執着を自分でコントロールできないわけです。

では、あなたにとって最もふさわしい瞑想法を学ぶには、どうしたらよいでしょうか。

それは、マスターのディクシャ（イニシエーション）を通して、あなた自身にあった瞑想秘法を伝授してもらうこと。それが無理なく正しく瞑想を行える方法であり、一番安全です。

インドでは多くのマスターがディクシャを与えますが、ヒマラヤ聖者のシッダーマスターによって与えられるディクシャは特別です。他に類のない秘法の特別な儀式、すなわちシャクティパットの浄化のプロセスを行います。それに引き続き、あなたに必要な、聖なる波動の瞑想法を伝授します。それは高次元のエネルギーで心身や魂を浄め、内側のエネルギーのセンターを目覚めさせるものです。

その波動は、深い瞑想にいざない、あなたを包み、すみやかに落ち着かせ、いつも守ってくれます。マスターとの出会いでディクシャを受けて瞑想法をいただくことは、魂までも愛する、目覚めた人として生まれ変わることでもあるのです。信頼すれば、生涯にわたって人生の守りをいただくことにもなります。

自分を信じ、高次元の存在を信じ、そこからパワーをいただき、常に安心と感謝をもってカルマの浄化を進めていくことが大切です。自分の過去のカルマから、浄化のプロセスで発生する揺れに対して、不満や悩みや、誤った心や疑いを起こすのではなく、浄化でき、変わりつつあることに対する感謝を強め、真理を信じ、自分の行っていることを信じていくのです。やがてあなたは、本当の自分になっていくのです。

行きたいところに魂は飛んでいく

私たちが肉体を脱ぐと、心はとても自由になります。

実際に深い瞑想に入るとわかるのですが、「あそこまで飛びたい」と思うと、魂が本当にそこへ飛んで行きます。逆に、うっかり「私はだめだ」と思うと、地獄に落ちてしまいます。誰かを恨んでいると、恨みの世界に行ってしまいます。

あなたも、夢でそうした経験をしたことはありませんか。すごく体が重いなあと思って寝ると、石に押しつぶされる夢や、奈落の底に落ちる夢を見がちです。

ですから、瞑想をするときは、そうした否定的なことを思わないように、ふだんから練習しておくことが大切です。信頼をもって行うことです。何か体に症状が出てきたなら、それを見ていくのです。それは浄化のプロセスであり、歪みが取れつつあるのです。それは必ず消えていきます。

また、瞑想をしていない、ふだんの生活の中で、混乱の種になるような行為をせずに、感謝や尊敬をもって愛と平和のエネルギーを大きく育んでいくのです。そうでないと、瞑想というオープンな状態の中で否定の思いをもっている人は、あっというまに地獄に落ちてしまうかもしれません。

こうしたことを防ぐには、常に魂を自由にするために良いカルマを行うことです。日々、心と体の行為において、人を傷つけず、自分も傷つけないことです。つまり感謝と尊敬をもって善行を積むとともに、自己を信じ、見えない存在を信ずるのです。

瞑想の最中でも、本源の深い真理とつながるためのものがないと、心の働き、執着の世界のほうに誘われてしまいます。それを避けるためにも、ふだんから助けを求める存在を見つけておく必要があります。あなたにとって、本源の深い真理に本当につながるもの——神様、阿弥陀様、観音様、お地蔵様、お釈迦様、マスターでもかまいません。天照大御神や八幡大菩薩でも結構です。もちろん、キリスト様とかマリア様でもよいのです。真理に本当につながるものが不可欠なのです。

もちろん、至高なる存在である神は、そのすべてをカバーする存在です。そのための橋渡しとなるのが、最も安全で効果的な波動の瞑想法なのです。

体験談

瞑想を始めて一年半。すべてが変わった

東京・三十代女性、研究職

瞑想を始めた当初は、ただただ日々の瞑想や様々なセミナーに参加することに一生懸命で、仕事には無関係といった感じでした。しかし、会議等での資料説明の前に少し目を閉じて瞑想すると、上がらずに落ち着いてうまく説明することが出来たのです。

研究職（回路設計、開発）なので、専門的な知識がないと何も出来ないのですが、私には充分な知識がありません。現在もそうです。しかし、瞑想を始めて（ヨグマタと出会って）一年半たった今では、人前でしゃべることが平気になり、自信を持って話が出来るようになりました。

これは私にとって、ものすごい変化です。なぜなら、知識があまりない私は、会社では浮いた存在で、少しも自信が持てなかったからです。それが今では、自信が出てきたので、あまり大したことをしているわけではないようなのに評価され、上司から「格が上がった」とまで言われ、昇格昇給もしました。頭がクリアになったのか、以前より格段に速く仕事をこなすことが出来るようになりました。迷いがないというか、やらないといけないことがパッとわかるのです。

専門的な内容は理解できなくても、「詳しくはわからないけど、要はこういうことだな」とか「こうすればいいいな」とか、ピンと来るようになりました。うまく表現しきれないのですが、知識ではなく、内側から出てくる感覚、「わかる」というような自信に満ちた感覚が出てきます。これで知識が加わったら、すごいだろうなあと思います。

それに運も良くなりました。以前からやっていた開発が、重要なプロジェクトになり、自動的に評価も上がったのです。さらにまた最近は、あまり知識がなくてもでき、かつ重要であり、さらに時間的に大変でない仕事をさせていただいております。すべてヨグマタのおかげです。以前はやめたいと思っていた会社なのに、今ではこんないい職場はないと思っています。

「意識が変わるだけで、まわりのすべてが変わる」ということを体験させていただきました。こんなにすばらしい瞑想に、そしてヨグマタに、ぜひ一人でも多くの人が出会っていただきたいと願っています。

サマディを体験した者だけが、本当の道を示すことができる

瞑想とは、何生にもわたってカルマを浄化するプロセスを、今生において一気に進めていくことです。一日の中で僅かな時間、自分を見つめるという秘法を積極的に行えば、それが実現します。ぜひ、毎日毎日、瞑想によって心身の調和をはかり、深く休息して、また生まれ変わっていってほしいと思います。そして社会や家庭で、自分を育むとともに、人を生かすように、平和をもたらすように、一日を送っていただきたいと思うのです。

ヒマラヤの知恵は、命の科学、体の科学、心の科学という、素晴らしい教えであり、それはサマディマスターのみが門外不出の口伝を通して伝えられる秘法なのです。それは単なる知識ではなく、生きた知恵と実際のエネルギーです。

心は常に、欲望と無知で混乱します。でも、あなたには、単に知識を入れるのではなく、真理を体験し、本当の自分になっていただきたいのです。そのためには信頼と感謝が必要になります。

いったん本質の道を歩みはじめれば、あなたが脇見をしている時間はもうありません。この肉体と心を活用して、完全なる人間になり、世界に真理と幸福をもたらしていく役割が、あなたには与えられているのです。

命の根源からの真理を知ること、深い瞑想を体験すること、心を空っぽにし、心と体を超える

こと、さらにはサマディに達し、本当の自分に実際になること、そのためには、日常のしがらみをほどいてジャンプすることです。

ある期間、深い静寂に入るためには、まわりの喧噪《けんそう》を離れるとよいのです。真の自己変革への旅に、内側への旅に入るのです。そのためには安全であり、愛とパワーと知恵に溢れた環境が必要です。かつ真のマスターのガイドが必要です。体に気づき、体を整え浄め、心に気づき、心を整え浄め、ヒマラヤの秘密の知恵をいただき、アヌグラハをいただき、一気に深い瞑想に入っていくのです。

すると、あなたの体が動かず、心が動かず、心と体が深い静寂を体験し、すべてが消えて無念無想になっていくのです。それこそが、最速で引き起こされるショートカット・サマディへの道です。

第10章

死後の世界と霊についての真実

霊能者やチャネラーの言葉

最近は、スピリチュアルな事柄に関心を持つ人が増えているようです。

占いに基づいて、今日はあちらの方角に行くようにしよう、この色の服を着ていこうというように、その日の行動を決めている人もいるようです。霊能者やチャネラー（異界の存在と交信できる人）にお伺いを立てて、そのガイドに従って暮らしている人もいるようです。

なかには、霊能者に前世を見てもらい、自分の前世が王様やお姫様であるとか、歴史上の有名な人物であると言われて、喜んでいる人もいます。しかし、それが本当かどうかを確かめる手立てはありません。

あなたがそうした過去に興味をもつのもよいのですが、さらにそれを超えて、今に生きることが大切です。

インドではそのようなサイキックな人（心霊能力のある人）が多くいて、トランス状態に入り、人の魂に接触して過去生を見ます。そうしたことは相手の心のレベルにつながってしまい、人のカルマを受けることにもなるのです。また、その行いは心を強めてしまうことにつながり、心を外して魂の自由を得る、悟りへの道とはまったく異なるものなのです。

そうしたサイキックな人は、心が強いエネルギーを持ち合わせています。それらの人たちから、あなたの運命はこうですよ、こうしないと災いが起こりますよ、などと言われたら、それに対する反応は二つしかありません。なるほどと屈伏するか、強い反発を持つかです。

いずれにしても、その言葉にこだわってしまい、エゴが強くなったり、心配になったりして、相手のエネルギーが強い分、心に深く浸透してしまうのです。

私たちにとって大切なのは、本当の自分を知っていくことです。あなたがこの世に送られてきたことには大きな意味があるのです。あなたは単なる人間ではなく、自分自身がすべてを知っているのです。

あなた自身の中に過去もあり、未来もあるのです。過去生からのさまざまなものは、あなたにとって必要なことが起きていたということです。従って、良い過去についても、悪い過去についても、感謝することとです。あなたはその体験したことを心の内から開き、そして解放させていきます。自分がトランス状態になったときに、また、マスターのブレッシングによっても、そのことが起きます。

言い換えれば、心の集中をしたり、瞑想修行を行い、サマディへの道を歩むことで、すべてが開かれ、明らかにあなたの前に過去生が現れてくるのです。それに気づき、それを超え、あなたは、自分の源にまでさかのぼっていくのです。

常に本当の自己を信じ、魂の自由を得るために大切なことは、とらわれる心の働きから自由になっていくことです。それは、自分で自分をコントロールし、自分で自分のマスターになることです。

マインド・パワーが強くなることは危い

現代は、厳しい競争社会です。競争に勝つため、多くの人は肉体や心の鍛錬、情報集めに力を注いでいます。自らの心と体を強くすることで、勝ち残ろうとしているわけです。

誰もが生きるために一生懸命です。自然と戦い、安全と安らぎを得るため、自分の地位を確保するために戦っています。

さらにより良いものをつくりだすために、良い生き方のために、クリエイティブな能力を得るために必死になり、その戦いのさまはエゴの戦いとなってきます。

なかでも、最近はマインド・パワー（念力、想念の力）を強化することを好ましく思う風潮が強くなっているようです。しかし、それは強くなった分、とらわれ、執着となって、その人を翻弄するのです。

もちろん、それを使いこなし、成功を得ているときは幸福であるのですが、その喜びもつかの間、心は次の対象を探し出そうとし、心は常に変化し、戦っていくことになります。そして人は常に忙しく振り回されていくのです。それは内側からくる満足ではありません。

スピリチュアルな世界も、そのほとんどが、常に心を強める修行です。心をもって癒しに使ったり、心をもってテクニックに使ったりすることによって、心は変化し、心の働きが強められるのです。サイキックな人は、常にイメージやビジュアライゼーションや自己催眠のマインドを使っているために、ますます心霊能力が強くなっていきます。

人の未来や過去生について語る職業の人は、多くの場合、それらをイマジネーションから言っています。そうした人は、苦労して、その力をコントロールできる力を得たのでしょう。

そのように心を使うことは、真理への道ではありません。心は疲れ、本当は幸福ではありません。イマジネーションは心の世界であり、真理に出会うためには、心をなくしていかなければならないのです。

人の過去生を見るにしても、心を誰かにチャンネルするのではなく、心を外すことです。そこに過去生が現れるのです。心が空っぽになり、自分を失ったときにこそ、直感やヴィジョンが起きるのです。それはほんのわずかの人に起きることです。

それを見る人になったら、真理の道、悟りの道、解脱の道とはまったく違う方向に進んでしまっているのです。マインド・パワーを強くすることを求めたのは、社会の中で生き抜き、さまざまな才能を発揮し、専門の知識を活かしていくためであったのでしょうが、心を強めて、そればかり使っていると、やがてそのことに飽きたり、疲れていくのです。静寂とやすらぎにこそ本当の幸福があるのです。

ですから、本当は人はそれより先に、するべきことがあるのです。それは人の最高の目的である、心を超えて本当の自分になっていくということです。

心霊能力は人を癒す力にもなります。しかし、それはその人にとって、根本からの癒しにはならないのです。すべての問題は、本人が気づいていくことによって、はじめて苦しみからの真の解放があります。そして、それが真の能力開発と成功、さらにはやすらぎと悟りの道に通じるのです。

もし、あなたがマインド・パワーの強化の訓練をしようと思い立ったなら、同時に、心の源に還ること、心を浄化すること、心を外すということ、本当の自分に還っていくこと、無欲ということを深く学ばなくてはならないのです。

マインド・パワーを強化する前に、心を浄化することが不可欠

マインド・パワーの強い人は、とても個性的で、人を惹きつけます。人はそれを見て、自分にはないものであると感じ、その強さにあこがれます。

本当の幸福は、執着のない心になり、調和のとれた人間になることなのですが、常人にない特

別な能力に執着してしまうと、個性的魅力が現れる一方、それは心の働きであるため、そこに長く留まっていると、ひとつのところに執着してしまい、そこがとても強くなることで、歪みが生じて、やがて苦しみになっていくわけです。本当の幸福は心の源に還るところにあるのです。

マインド・パワーの強い人は、心を浄化してバランスをとっていくことが大切なのです。ところが、多くの人は真理を知らないので、心の浄化をないがしろにして、ただマインド・パワーを身につけて、一部の能力を高めたり、便利なものや、きれいなもの、物質的なものを得ることを目的とし、その欲望を実現してきたのです。そしてほとんどの場合は、エゴの欲望に動かされて、おごりになったり、強いこだわりとなります。人は常に気づきをもち、バランスをとりながら成長していかなければなりません。

また、スピリチュアルな修行でも、気づきのないまま、人に勝つため、パワーをつけるため、集中を続けるという誤った修行法で、マインド・パワーが強くなりますが、それをどこにどう使うのか、ということが肝心です。

そうしたマインド・パワーが非常に強くなると、それとともにエゴが強くなりますから、努めて責任ある行動をとっていくことを心がけなければなりません。しかもマインドが異常に強くなると、自他ともに翻弄されてしまい、そこからマインドを外して、平和と自由になることが、さらに難しくなっていくのです。

前世を見ることの真実

相手の前世のことを言う人もいれば、自分の前世を見たいという人もいます。人が本当に自分の前世を見るということは、マインドが浄化され、執着がなくなることを意味します。そうすると、人の前世を見ることはできなくなってしまいます。

また、本当に自分を失い、トランス状態になっていかなければ、他人の過去生を見ることはできませんが、それができる人はわずかです。しかも何生もある中の一つを見ているに過ぎません。前世を見る人の多くは、イマジネーションを言葉にしているのです。にもかかわらず、人はその言葉を聞いて、現状をそれなりに理解し、ヒーリング（癒し）が起きたりしています。

こうした心のワークはいろいろです。心には過去の記憶があり、イメージのパワーがあり、ビジュアライゼーションのパワーがあります。チャネラーが過去生を言うのは、多くは心のイメージからですが、また、催眠の心を使い、サイキックの心を使って、過去から未来から、いろいろなものを運んでくるのです。

しかし、マインド・パワーの強い言葉は、人をコントロールし、良くも悪くも、その人を翻弄することもあるでしょう。そして、そういうことを聞きたくなる依存の心を強めてしまいます。そうした言葉は一時的になんらかの効果があるので、それはそれで癒しになっていくこともあります。しかし、正直に申し上げると、それは双方がカルマを積み、真理からますます遠くなる行為であり、自分の内側からの気づきと変容と解放にはならないのです。

あなたが良い未来をつくろうとするのなら、やるべきことはただひとつ。気づきをもって良い行いをすることです。カルマに翻弄されないように心を浄め、心を空っぽにしていき、源に還っていくのです。

このことを進めることで、自分の中にある小宇宙のバランスが良くなると、おのずと外側に良いものが現れてきます。そして周囲の人やものに対して愛情が豊かな人間になり、理屈抜きに素晴らしい人柄になってくるのです。

スピリチュアルな道に進むには指導者が必要

心に強い抑圧があった人が、ある日、突然に違う人格になるというケースがあります。その多くは、本源の世界につながったというわけではないようです。

そうした人は、何かの不調であまりにも苦しくて、祈りに平和を求めているうちに、神の声が聞こえるという感じになったのです。そうしたチャンネルをすでに持っていた人が多いのです。すなわち、それらの人はなんらかの機会に、潜在意識の力が活性化され、引き出されたのです。

こうした憑依《ひょうい》は、夢見る少女のようなタイプの人に起こりがちです。現実の世の中に興味がなく、夢想を抱きがちな人が、転んだ拍子に何かに乗り移られた例もあります。一人で物思いにふけるような性格の人は、霊の世界に入りやすく、憑霊しやすいのです。エネルギーが浄められ、変容したのとは異なります。

そうした人が、浄まっていない霊の世界に翻弄されると、エネルギーがどこに走るか見当がつきません。人が特別な人間になろうとして、神秘的な力やサイキックな力を求めたり、怖いもの見たさで、ミステリアスで魅力的に映る、スピリチュアルな世界に近づいたりしているうちに、それに大きく翻弄されると、地獄の苦しみを味わいかねないのです。霊の世界に入り込もうとするならば、それは大変に危険なことであることを承知し、そして自分がどういうカルマをもっているか、気づいてください。

スピリチュアルな道は、その道をよく知るマスターの指導なしでは、とても危険なものです。自己流で進めていくと、エゴが肥大したり、心がさまざまなものを引き寄せたりもします。また、自分の過去生からのどんなものが現れてくるかわからないのです。それは自分の霊であったり、他人の霊であったりします。強い心をコントロールするのは容易なことではありません。

本当の道、真理の道とは、そういった心を発達させるのではなく、まず自分を信ずることです。そして、あなたの心を浄めること、行動を浄めることが大切です。そしてバランスをとるのです。すべてを、気づきをもって理解していくのです。エゴを排し、本当の高い世界をめざし、我《が》の強い、欲の心を落とし、無になっていくことです。

それが本来の修行です。そこから、何を願ったらよいのかが本当にわかり、正しい願望が現れてくるのです。

体験談

悪いエネルギーを跳ね返せるようになりました

東京・三十代女性、事務職

ディクシャを受け、瞑想秘法をいただいてから七ヵ月がたちますが、いろいろなことが起こり、また自分の心に変化がありました。

娘を乗せた自転車を誤って倒して、娘の頭を強打してしまいました。そのことにより、娘はしばらくの間、意識を失ってしまうという、私と娘にとって大変な事故が起きてしまったのです。娘の左目の瞼に麻痺が残ってしまい、歩くとふらつき、すぐ転んでしまったりして、頭痛や吐き気もありました。しかし外傷はまったくなく、出血やたんこぶができませんでしたので、よけいに頭部が心配でした。

すぐにヤギャというご祈願を申し込みました。すると、これも何か大きなカルマを浄化していただける出来事と思えてきて、落ち着きませんでした。病院から戻り、娘と二人で、疲れもあって、すぐ横になりました。翌日の早朝四時頃だったと思います。眠っている娘の強打した頭部に手をやると、その部分だけ赤く、すごい熱を持っていました。自分の手の感覚では四十度以上はあったように思います。「ヨグマタに祈願をお願いしたから、何かが起きてきているんだ」と直感的に思いました。

娘はその日よく寝ていて、自分で起きてくるまで寝かしておきました。朝十時くらいに娘は目覚めました。起きた娘は機嫌がよく、「もう痛くなくなった」と言って、にこにこしています。あれから五ヵ月がたちましたが、左目もほとんどよくなっています。うれしくて、何度も何度も感謝しました。

私は対人関係が苦手で、人と会話をしたり、人前に出るのがとても嫌でした。ですから、仕事や子育てや親戚付き合い、学校のPTAも苦痛でした。動悸が激しくなってパニックになってしまうのです。それは自分を守るためなのですが、それによって大切な友人、家族などを言葉で傷つけてしまいます。そして、相手のマイナスのエネルギーをまともに受けてしまうのです。話す時も、口ごもってしまったりします。それは口が麻痺している感覚です。ですから自分に自信がまったく持てませんでした。そして自分を責めてばかりいました。

そんな私が一番驚いたのは、相手のマイナス・エネルギーをはねつけられるようになったことです。人を憎んだり怨んだりする必要がまったくなくなり、穏やかな心でまわりを眺めることが可能になりました。苦手な相手に感謝の気持ちさえ持てるようになりました。自分を信じられるようになりました。そしてヨグマタに守られているという実感が確かにあるのです。ヨグマタにいただいたお守りを持っている時と、そうでない時の違いもはっきりわかります。悪いエネルギーを跳ね返せるのです。すごい力だなーと、つくづく思います。いただいたマントラも、自分にぴったりと合っていると感じます。

追伸ですが、先の娘は生まれつき心臓に二つの穴が開いていて、思い切り体を動かすことができなかったのですが、私がディクシャを受けたその日から、娘は、あんなにでなかった尿が急にでるようになって、むくみがおさまりました。

また、娘がヨグマタのディクシャを受けてからは、体調だけでなく、精神的にとても安定していて、素直で優しくなり、言葉もはっきり話せ、なんでもよく理解できるようになったなと思います。そのため私も安心して仕事ができるようになりました。
娘がディクシャを受けて三ヵ月を過ぎた頃、定期検診では、心臓の肥大もなくなり、心室のしきりが欠損している二カ所の穴も、大きいのが五・五ミリから二・二ミリへ縮小し、小さい方はほとんどふさがっていました。先生からは、「だいぶ血液の逆流がなくなったので、ふつうに過ごしていいですよ。穴も小さいですから大丈夫です」と言われました。アヌグラハのパワーに驚きと感謝でいっぱいです。

人は死ぬと、どうなるか

人は死ぬと、肉体から離れた霊によって、アストラルという細やかな体になります。肉体は焼かれて執着が離れます。ただし、サマディヨギや聖者は、すでにカルマを浄めたので、肉体を焼くことはありません。

ご存じのように、日本で先祖を大切にする人は、家族の誰かが死ぬと、先祖の霊として供養し、何十年、何百年と祀ります。故人は祈りの対象となり、死んで天国にいるのなら、どうぞ私たちをお守りください、と祈ります。

それぞれの霊はカルマを抱えています。これはどういうことかというと、霊は心と魂からなるものであって、その心の中に、生前の体験の記憶であるカルマが刻まれているという意味です。

生前の記憶の中には、悪い体験の記憶、すなわち否定的な心のカルマもあれば、善行を積んだ良いカルマの記憶もあります。そうした中で、それぞれの霊は、それぞれのレベルで縁のあるところに生まれ変わるといわれます。

ただし、霊すべてが生まれ変わるのではなく、サマディを体験した人はカルマを浄化して、カルマを超えているので、生まれ変わることがありません。

また、事故にあった人は、すぐに生まれ変わることができません。それは自分の死の意志を持たずに死んだためです。ずっと自分のカルマに沿って生きようとしていたために、まだカルマが残っています。自分のカルマに反して突然亡くなったので、すぐには生まれ変わることができないのです。こうした場合は、誰かが彼のために祈ることで、助ける必要があります。

悪いカルマによって地獄に行った人も、たいへんな長期間を経て、生まれ変わることができます。地獄での大変厳しい修行によってカルマを消すことができれば、生まれ変われるのです。良いカルマによって天国に行った人も、天国にいられるカルマの恩恵が終わると、何万年も過ぎてから、この世に帰ってくるのです。

ある生まれ変わりの話

ある聖者が、そのマスターから、「亡くなったあの方（その人も聖者です）の面倒を見るように」と言われました。

その聖者は、マスターの言いつけ通りに祈り続けました。そして、十年か十五年ほど経ったときに、「あなたはどこにいるのですか、すでに再生したのですか」と祈り、コンタクトをしたのです。

その祈りはパワフルだったので、すぐに通じました。いったい、どうなったと思いますか。じつは、祈られた人は死んですぐに生まれ変わり、再び聖者となっていたのです。彼は、自分が呼ばれたことを感じ、トランス状態となって倒れました。すぐに魂が抜けだして、祈った聖者のところに飛んできたのです。そして、こう告げました。

「私はすでに生まれ変わったので、もう呼ばないでください。私はこちらに来られないのです。また、どのように体に帰れるかわからないので、呼ばないでください」

スピリチュアルでパワフルな人が魂を呼ぶと、こんなことになってしまうのです。呼ばれた相手の魂が生まれ変わっていたとすると、面倒なことになりかねません。

一般には、ひたすら先祖に助けてくださいとお願いをし、祈るのですが、時にこうしたこともあることを知っておいてください。今の家族を守ってほしいと祈られても、すでに生まれ変わっているので困難なことがあるのです。あるいは、霊が生まれ変わる障害になることもあるのです。

あなたの守護霊とは

一方で、子孫がわざわざ祈らなくても、守ってくれる先祖の霊があります。それが守護霊（ガーディアン・スピリット）です。生前行いがとても良く、いい人であった先祖の魂は守護霊となって、時に家族を助けます。目に見えない存在となって、秘密に助けてくれるのです。生きている家族がコンタクトをしなくても、ビジネスを成功させたり、良縁に導いたり、豊作をもたらしたりするのです。守護霊となるのは遠い先祖に限りません。良いカルマを持っていた家族のひとりが死んだ時、残された家族の守護霊となってくれる場合があります。

また、今生きているマスターのことも、広い意味で守護神であり、守護霊ということができるでしょう。マスターはディクシャ（イニシエーション）を与え、その人の精神的成長と幸福を願って、さまざまな守りとガイドをしていくからです。もっとも、生きているうちは肉体にいるので、霊ではありません。

なかでも、サマディ修行をしたサマディヨギのマスターは特別です。ディクシャを与えることで、神とあなたを橋渡しして、神と一体となり、その人をどこまでも守り、ガイドします。本当の自分に導き、悟りに導くのです。それは肉体と心を変容させ、より生かしますから、その人は幸福を得て成功することができるのです。

サマディヨギのマスターは、ディクシャによって、あるいはアヌグラハのブレッシングで内側を目覚めさせ、あなたを浄化するとともに、また、聖なる波動マントラを与えることで、あなたを保護します。さらにヤントラ（三〇二頁参照）はエネルギーの修行であり、チャクラの修行でもあります。それらによって、聖なる波動を発達させ、体や心から発するオーラとなって、あなたを包み、守ってくれます。

マスターを通して神につながると、先祖霊の守りやさまざまな神の守りがなくとも、あなたは守られるのです。何かあなたに困ったことが起きると、マスターにメッセージが伝わり、守護してくれます。あなたがそれを信じて祈ることで、それは簡単に起きます。

そして、マスターが死んだら、本当の守護霊になってくれます。ディクシャでつながった縁のカルマがあるため、責任をもって守ってくれるわけです。もちろん祈ったり捧げたりすれば、もっと容易に守りをいただくことができます。

一方、悟りを得た高い魂にとっては、守護霊は不要です。むしろ、そうした良い魂は、自らが守護霊になるほどのパワーを持っているわけです。

エンジェルという神聖な存在

インドは信仰の国です。ラマ、クリシュナ、シヴァ、ヴィシュヌ、ブラフマン、カーリーといった神々や、ジャイナ教の教祖、マビールといったマスターをはじめ、人々は好きな神々や、今は亡きマスターを決めて祈り、ガイドをいただきます。

仏教の信者は仏陀を祈り、キリスト教信者はイエスやマリアを祈り、信じます。それが守護霊となります。ヤギャという護摩焚きがありますが、それもまた一種の守護霊となり、その家族を守ります。また、ディクシャで伝授をいただいたマントラも神であり、守護神となります。

インドの人々はまた誰もが、生きているマスターを持ち、守りやガイドをいただきます。ただし、サマディヨギは数が少ないので、自分のマスターにできるチャンスはめったにありません。

ところで、キリスト教の教えで、エンジェル（天使）という存在があります。これは、子供を幸福にするために、天国からやって来て、優しく守ってくれる看護師さんのような存在です。ご存じのように、羽を持ち、空を飛ぶ、男性あるいは女性の神聖な存在です。

こうした天使は、困ったことが起きたり、危険が近づいたり、何かあるときに、助けに来てくれます。天使は数多く存在し、あなたが信ずることで現れます。時には、過去生からの贈り物として出現することもあります。

オーラはエネルギーの光

守護霊と混同されやすいものに、背後霊というものがあります。たとえば、誰かの後ろに背後霊がいると霊視する人がいます。しかし、それは多くの場合、その人の想像の産物にすぎません。人の背後に見えるものがあったとしたら、それはオーラです。オーラは背後霊とは違います。

オーラとは、誰もがもっているエネルギーの光で、体のまわり、頭のまわりにあります。これは、チャクラというエネルギーセンターの光なのです。心の状態によって、オーラの色は変化します。逆にいえば、オーラはその人の心の現れです。

オーラはエネルギーを示すものであり、それは人間だけでなく、動物や野菜、果物にもあります。外に衣類を出しておくと、オーラを見る癖のある人は、そのまわりにもオーラがあることを発見できることでしょう。

オーラは誰もが見られるわけではありませんが、野外で太陽を直接見た後に、誰かの体のまわりを注視する練習をすることによって、オーラを見る癖をつけることができます。

人の体に現れるオーラには、五つのカラーがあります。それは、土のカラー、水のカラー、火のカラー、風のカラー、空のカラーです。

良いオーラのカラーにするには、カルマを浄化する修行が必要です。カルマを浄化して、チャクラを浄めれば、チャクラの光であるオーラを良くすることができるわけです。それには、ディクシャのシャクティパットや、アヌグラハのブレッシングが効果的です。これは、チャクラを含め、すべてのナディを浄化します。

霊が取りつく場合

背後霊というのは、オーラとは違うものです。霊能者が見たときに、その人の背後や近くに、本当の霊が見えたとしたら、それはその人の人生にとってたいへんな障害となります。

背後に霊が取りついていたとなると、その人の人生は霊にコントロールされているわけですから、その人自身の人生はないも同然です。本当にまれにですが、そうした例があります。

背後霊のことを言う人は、その人自身に、そうした霊に引き付けられる心、すなわち特殊な心を持っている場合が多いのです。そういう回路が出来上がっているからです。誰もが自分がもっている思いを通して、ものを見ているのです。

そうしたサイキックな人は、そのようにイメージの訓練が発達した心で、他の人を見るのです。ですから、その霊能者やヒーラーが見たと言っている背後霊は、じつは彼らの心の反映なのです。

本当に、その人の背後に霊が取りついていたら、どうして生きることができるでしょうか。そもそも、私たちは誰もが魂を一つずつ持つ、エネルギーの存在です。そして、霊もまたエネルギーです。その霊に取りつかれたとしたら、生きることなどできないのがおわかりでしょう。

人は誰もがいろいろな心の思い、執着、カルマがエネルギーとして、心と体にあり、それを何らかに表現できることは事実です。そのエネルギーのことを、サイキックな人はイマジネーションで霊として表現しているのです。そして、そのイメージを正しいと思っているのです。サイキックな人から、そのことを言われた人も、それを取り除くと言われて、そう思うことによって、癒されている場合があります。もちろん本当に自分自身になった人ならば、そうした霊は取りつきません。また悟りの人は、そうした霊の取りついた人を直ちに癒すことができるのです。

チャネラーが霊とコンタクトする時

霊能者やヒーラーとは別に、チャネラーと呼ばれる人がいます。チャネラーは自分で他の霊にコンタクトして、呼び出す能力があると言われています。彼らは、偉大な聖者の霊や、神、マスターをはじめ、死んだ人の霊とコンタクトします。

あるチャネラーは、特別な色をした布を椅子にかけ、特別なポーズをとって座ると、すぐにトランス状態に入っていきます。火のそばに座り、ドラムの音をバックに体を揺らして、そのリズムに合わせてトランス状態に入っていき、求める霊にコンタクトするのです。

じつは、そうしたトランス・システムを利用すると、それが催眠効果となり、チャネラーの人はその心になります。チャネラーは訓練によって、そうしたシステムを自分の中で発達させているのです。こうした現象は、森や山に住む純粋な人に自然に起きることもありますが、チャネラーはいつでもやりたいときに行えるのが特別な点といえるでしょう。

しかし、チャネラーの多くは、本人の心の動きによって幻想を見せているのです。もちろん、なかには本当に霊にコンタクトできる人がいて、過去につながったり、アインシュタインやケネディとコンタクトしたり、仏陀やキリストのような偉大な霊にコンタクトすることもありますが、それには大変な訓練が必要となります。これはオカルト・サイエンス、あるいはミステリアス・サイエンスといわれ、幽霊やスピリットにコンタクトするのです。

霊というのは、普通の存在ではありませんから、それにコンタクトするのは簡単なことではありませんし、チャネラーが霊に取りつかれるのは、自分ではないものに自分を明け渡すことであり、その人はアイデンティティを失うのです。

そもそも、霊がどうして人につかなければならないのでしょうか。私たち自身がパワフルな霊です。どうして他の霊につかれる必要があるのでしょう。その人はサイキックの世界に住んでいるのです。

また、チャネラーには、自分の心の中で、求める霊に取りつかれるイメージに基づいて、映像をつくるタイプの人もいるのでしょう。それでは、単にその人たちが考え出した幻想にしか過ぎないことになります。

本当に霊が取りつくことが自然に起きたなら、その人が自分に戻ったとき、エネルギーのバランスが崩れてしまいますから、それは大変疲労することなのです。しかも、そのことは特別な能力を得たという執着ともなり、おごりとなったりします。いずれにしろ、それは心を超えて真理に出会う、悟る科学とは異なるものなのです。

悟りの人、サマディに達した人、サマディヨギは神と一体となった真理の人です。その人のサンカルパという神聖な意志の祈りで、そしてタッチという実際の行為で、あるいはその人がそこにいるだけで、癒しが起きるのです。

そうした真理の人は、なんの霊にも、スピリットにも、コンタクトする必要はないのです。スピリットや霊は悟りの人のように浄まっていないので、純粋ではありません。一方、悟りの人は至高なる存在のパワーとつながっているのです。

体験談

別人になったな、と言われます

神奈川・三十代男性、保険営業職

ヨグマタに出会うまでの私は、いつも頭の中がごちゃごちゃしていて、ある時期がくると落ち込んでしまって、仕事も何もやる気がなくなってしまい、それを繰り返しているという感じでした。

ヨグマタのことを知ってすぐに、ディクシャを受けさせていただきました。それからは、自分が気づかないところでも、ものすごく恩恵をいただいていると思うのですが、気づいたところでも数えきれないほどあります。運がよくなり、またすばらしい人と出会うようになりました。いろんな発想やひらめきも生まれるようになり、今まではありえないようなこともたくさん起きました。

以前には、すごく落ち込んで、一週間ぐらい何も手につかないという状態もあったのですが、ヨグマタに瞑想を教えていただいてからは、そういったことは一切なくなりました。そして、すごく嫌な自分のことも、受け入れることができるようになってきました。

じつはこういうことを学び出したのも、父との関係がうまくいかず、何とかしたいというところが一番の理由だったのです。私の中で、やさしさとか、思いやりとか、父の立場を理解する気持ちが自然と芽生えてきて、父との関係が前とは比べ物にならないくらいよくなってきたら、それまでは上からガツンという感じだったのですが、私のことを少しずつ認めて、受け入れてくれるようになってきました。

私はたばこをなんとかやめようと思っても、完全に断ち切ることができなかったのですが、瞑想を始めてから、それも自然とやめられるようになりました。瞑想をやっていて、今までにない心の安らぎがあるので、甘いものとかお酒も必要なくなってきました。瞑想で気持ちいいなっていう感覚は、続ければ続けるほど、深まってきたなという感じがします。

ヨグマタと出会ってからは、まわりの人から、別人になったなとか、なんかすごく変わったねと言われます。以前の私が、そんなネガティブな感じだったなんて、とても想像できないっていう方がいっぱいいいます。今はほんとにたくさんのすばらしい仲間と出会って、楽しい日々を送っています。

ボランティアを自己満足に終わらせないためには

ボランティアというのは、人や社会への奉仕であり、素晴らしい行為です。美しい生き方のひとつと言ってよいでしょう。

ニューヨークにおけることですが、ある方がボランティアでかけずりまわったあげく、健康を害し、病気に苦しみ、人のお世話になっているという話を聞きました。これではボランティアも問題です。

美しい響きのボランティアですが、相手を助けようと思って行っていても、自分が参ってしまったり、逆におせっかいになってしまうこともあるのです。本当は、困っている人にただ手を差しのべるばかりでなく、その人が真の平和と安らぎを得て、自分で気づいて、生きることに自信を持つような援助ができ、自分も楽になり、そのことを通して真の成長ができるのが理想的です。

困っている人に手を差しのべることで、その人が弱くなったり、傲慢になってしまったり、あるいはボランティアをする人が、自分のことがお留守のまま自己満足で行い、エゴを増大させて傲慢になったり、病気になったりしたら、意味がありません。また、両者が依存しあう関係となって、建前と本音の二重の心が渦巻いてしまっては逆効果です。

あくまでも、その人が本当の自分に気づき、内側から幸せになる。そのような援助こそが、本当のボランティアだと思うのです。それを可能にするのは、スピリチュアルな心をもって行っていくボランティアであると思います。

そのためには、何よりも、ボランティアを志す人が真理を知らないといけません。瞑想の修行をして、自分の心をもっと見つめ、自分の心に平和を確立することです。そして、依存の愛ではなく、本当の愛、クオリティの高い愛をもって、ボランティアをしていくことです。

自分が寂しいから人に関わっていくというのではなく、瞑想することで、あなたが気づき、自分の内側を変容させることが大切です。すると、それがスピリチュアルのレベルから発した愛のボランティアとなっていくのです。ケアする人がいてもいなくても、それは今できるのです。つまり平和と愛を自分の内側に広げていくことで、自分に対するボランティアとなり、深い集合意識のレベルから、まわりの人にも癒しと変容のボランティアを行っていることになるのです。

そのようにして、まわりの人に、素晴らしい愛の波動を伝えていってください。あなたがそこにいることで、まわりの人を癒していく、そういう人になっていただきたいと思います。

意識を内側に向けることで、人を責めない人間になる

いつも感覚、心といった、本当の自分でないものを使って生きていると、どんどん心の中に欲望が広がって、曇りが広がります。その人は目に見えるものしか信じないようになり、常に自分の体験の狭いところからしか見ることができません。そうすると、そこには知恵がありませんから、誤解をしたり、他との摩擦を生んだり、人間関係を悪くするのです。もしくは、ある部分だ

けが発達して、アンバランスになり、生命力を弱め、やがて病気になるのです。

そのように生きていると、ぎくしゃくして、あちらにぶつかり、こちらにぶつかりして、疲れてしまいます。だから、常に自分を見つめ、気づき、心と体を浄化して、素《す》の自分自身になっていくことが大切なのです。それが神になる道であり、ディヤーナ（静慮、深い瞑想）を通してサマディへ至る悟りの道です。そういう道を歩むことによって、本当に知恵ある人、平和な人、愛ある人に変容していく。それが本当の幸せの道です。

これまでは、多くの人が真理を知りませんでした。無知な状態におかれた人々は、幸せになりたいと思うあまり、感覚やエゴを喜ばせるものに執着して、それを追い求めて生きてきたのです。それは本当の幸せではありません。

そうではなく、意識を内側に向け、心身を浄化し、本質に出会っていくことによって、本当の幸せを得ることができます。そこには、気づきがあり、内なる平和がひろがり、大いなる愛が育っていくことでしょう。そして、まわりの人ともうまくいき、まわりの人が幸せになり、家族が幸せになっていくことができるのです。

さらには、そうした意識が広がるということは、より深いレベルから、世の中を変革していくことにつながります。大勢の人が瞑想者になって、我欲を落として、ひとりひとりが気づきの人になっていくことで、人を責めたり、自然を壊すようなことをしない人間ができるのです。

人には癖があり、例えばそれが自他を傷つけることであったり、悪いことだとはわかっていても、人は自己防衛するために、言い訳をしながら、やり続けるものです。親や他の人から、これをやってはいけない、あれをやってはいけないと、ありがたい注意を受けたり、道徳的な指導を受けても、その本当の意味がわからないうちは、決してやめること、変わることはありません。

また、良い子になろうと心を入れ替えたつもりでも、そして、そのように外から変わったと思えても、ただそう振舞っているだけで、本質は変わらないのです。

「わかっちゃいるけど、やめられない」のが現実です。

人の悪口を言うことも同様です。悪口を言えば自分の中が曇るということがはっきり自覚できてこそ、はじめてやめることができるのです。

本当に心から自由になるためには、アヌグラハを受けることで、自分の根源に還り、そうしたカルマを浄化することが必要です。

無知であることは、知らないうちに人を傷つける

疫病神とあだ名される人がいます。自分では悪いことをしているつもりはなくても、日頃から、不平不満を口に出したり、あの人は嫌いだなどと心の中で思っていたり、将来をぐじぐじと心配ばかりしていると、まわりの人たちに、その否定的な思いの波動が伝わって、まさに疫病神になってしまうのです。

そうした人は、知らず知らずのうちに、自分の心の中に毒素を作り出し、嫌な気が漂うようになってきます。そのため周囲の人たちにとって、うっとうしい存在になり、ひいては迷惑をかけることになるわけです。

無知のままであると、知らないうちに人を傷つけてしまいます。あるいは、罪を犯さないまでも、誰かが罪を犯す手助けをしているかもしれません。無意識に誰かをジャッジしたり、いじわるをすることによって、その人が落ちこんで、悪い人になってしまうかもしれません。直接的に何か自分が悪いことをしなくても、間接的によくないことをしているのです。良くも悪くも、無意識のうちに無知な、あるいは欲望の心を使い、自他を曇らせているのです。それは真理を知らないからです。

では、そうならないためには、どうすればよいのでしょうか。それは本当の自分はいったい誰なのかを知ることです。そのためには自分を見つめていくことです。常に自己を反省し、謙虚であると同時に、こだわりのない人柄になり、相手を尊敬していくことです。そして、まわりの人がほんとうに幸せになってもらいたいという、大きな気持ちになっていくことが大切です。

そのためには、外ばかりを何とかするということではなく、自分の内側の調和をはかり、平和が満ちるようにするのです。そして、人に迷惑をかけず、健康でいることです。それが、家族の幸せに貢献し、周囲の人々の平和につながります。やがて、その輪が広がっていくことで、世の中の平和に貢献していくことでしょう。

そして、本当の自分を信じ、自分を愛し、つまらないことに心配をしないで、人の幸福を願い、死ぬまで豊かな心で生きていくことです。

たとえ病気になったとしても、落ち込む必要はありません。病気になるということは、自分の中にある小宇宙がバランスをとるために調整している状態です。それは、自己を見つめ、真理に向かう学びのチャンスであると理解してください。

何事も恐れることはないのです。本当の自分になっていくという最高の目標をもって、そうした生き方を続けることにより、心の癖、感覚の癖に偏らず、バランスがとれるようになりますから、楽に生き、あなたの能力を発揮できるのです。

第11章

祈りが未来を拓く

――人間の本源を求めて

人間にはなぜ神性があるのか

これまで、自分の体は小宇宙であり、その仕組みは宇宙の仕組みと同じで、同質のエネルギーが具わっており、その奥深くにはすべてを生み出す大いなる宇宙があり、そのすべてが真理だということを述べてきました。

本書の最後の章で、あらためて、人間の本源とは何なのか、そして心や体を浄めるためにはどうすればよいのか、本当の幸せの道とはどのようなものなのか、ということについて記してみたいと思います。

私たち人間は、最初は神によって創られた存在であり、その後の生まれ変わりはカルマによって引き起こされています。その源には常に魂という神の分身があり、その魂がすべてを見守り、成長を助けています。人間はもともとが神から生まれた存在であり、神の最高で最終の進化した作品です。人間にとって、神性は真の性質なのです。その他の性質は後から与えられたものであり、社会によって与えられたものであり、どこかで誰かから、なんらかの理由によって与えられたものであり、人工的なものなのです。

私たち人間は生まれながらにして神性をもっているのです。その神性には自由があり、純粋さがあり、覚醒があります。しかし人間はそれを失ってしまいました。心がとっても強くなったのです。社会にあって、心がもっと強力になったのです。

心にはパワーがあり、すべての行為は心によって引き起こされています。人間はサンスカーラという生まれるための記憶によって、この世に生がもたらされるのですが、そのとき心はまだ働かず純粋です。神性は眠ったままであり、心はまだ働かず、触れ合う人によってコントロールされている状態です。

やがて子供は社会に触れ、体験により、心が発達していきます。愛を与えられ、さらに、成長するにつれて、好き嫌いが起きてきます。感覚が発達していきます。教育により、欲望により、意欲により、マインドのカルマによって心がどんどん強くなり、神性はさらに覆われてしまい、失ってしまうのです。赤ちゃんであっても、すぐに心は発達していきます。母親に抱きしめられ、その感じで、感覚を通して心が動き出すのです。

大人は子供の心を考えません。子供の自由な心を考えません。社会の考え方や大人の価値観を押し付け、教育をし、自分たちの欲望を投影し、子供に大きな希望を託すのです。子供は社会や環境に抑圧されて、コントロールされます。家族によって抑圧され、コントロールされるのです。大人の望みや考えに洗脳され、次第に純粋さと自由さを失っていくのです。こうして子供の神性は覆われてしまいます。深い内側にのみ、子供たちの神性は存在しています。

私たちの中の神性が目覚めるきっかけ

人生において問題が起きたり、誰かにいじめられて攻撃されたり、人に深くプライドを傷つけられたり、あるいは病気になったりしたとき、その苦しみから一筋の救いを見出すきっかけがあります。それは、誰かがあなたを助けてくれるというイメージです。

こうしたことがきっかけで、自分の歩んでいる道は正しいのか、間違っているのか。何がこのように苦しい現象を引き起こすのか、それはカルマなのか。また自分が悪いのか、人が悪いのか、社会が悪いのか。なぜこんな風になってしまうのか。運命のいたずらなのか、宿命なのか。こうしたことに気づきはじめます。

自分の今までの道は何かに翻弄されてきたのではないか。それは社会の考えや通念であったり、環境に作用された考えではないか。それはけっして本当の自分の素直な気持ちではないと、自分を見つめ、そして何か自分を超えた存在に祈り、救いを求めます。そうしたことから、私たちの神性が目覚めていくのです。

深いところの純粋さや、自由さ、真理のガイドではなく、さまざまな体験から、あるいは社会のアイデアによって、自分の行動が支配されてコントロールされるなかで、いろいろなトラブルが起き、苦しみ続けるのだということに気づきはじめるのです。

そして私たちは、そこから自由になりたい、カルマから自由になりたい、と気づきはじめます。もっと何かがある、本来の自分に戻りたいと気づき、純粋さを取り戻したいと祈りはじめたり、神社やお寺などにお参りをしはじめるのです。

どうぞ私に正しい道を示してください。私を救ってください。力を与えてください。そう神や仏に祈ります。やがて清らかな気持ち、やすらぎが訪れます。こうしたことをきっかけに、私たちの中の神性が目覚めていくのです。

また、不幸な体験も、私たちに神性を目覚めさせるきっかけになります。本人や家族が病気になったり、会社が倒産したりといった不幸な目にあうときこそ、学びのきっかけになります。

すべては学びです。真理に出会うために与えられている試練なのです。あなたがそれをきっかけとして、気づきが深まり、自分の心をコントロールできるようになったとき、さらに自由な人になっていくことができます。

ただし、この時に、心が曇りすぎていると、素直に事態を受け入れることができず、恨みや反抗の気持ちが増幅し、怒りを抱え、悪い方向に進んでしまうかもしれません。カルマによって、そのように導かれてしまうのです。

人はもともと神の子です。神から生まれた神の創造物です。私たちは長い生まれ変わりの中で、カルマを積み重ね、不自由な人となりましたが、もともとは神性があるのです。

素の自分自身は神のように創られており、心は本来クリエイティブにつくられているのです。人間には本来、限りない神性があり、そのレベルの神性は動物にはないのです。なぜ神性の心があるのかといえば、それこそが、本来もともと持っている本当の自己、神の分身の姿であるからです。

すべては神の創造物であることを知る

私たちの中に神が住んでいます。どこも神のパワーに溢れていますが、すべてを尊敬する心を持つことで、さらにその神性は増していきます。

動物の魂と私たちの魂に違いはありません。石も植物も動物も、すべてのものが宇宙の神によって、プロセスを経て、順に現れてきました。動物の中にも植物の中にも、人間とレベルは異なるにせよ、私たちと同じ神が宿っています。すべては神の創造物であり、神の一部です。自然のバランスのために、それぞれが存在しているのです。

そうしたことを知って、すべての生き物、すべての物体を尊び敬う心が生まれたとき、ただ自分を守ることにしか目がいかないエゴイスティックな生き方から、自己を超えた神性の思いが自然と湧き上がってくるのです。

心にはもともと、チェックする心、好き嫌いの心、執着の心があります。その一方には、慈しみの心、平等の心、許す心、クリエイティブな心があります。心はさまざまなものをクリエイトしていく力があります。そうしたことに気づき、その気づきを深め、神性を引き出していき、進化することができるのは素晴らしいことです。

こうした神の資質が与えられている人間ですが、生まれることと死ぬことはコントロールできません。なぜなら、それは神の領域だからです。

生と死を超える体験は、サマディがあるのみです。サマディは真理への旅であり、なかでも究極のサマディであるアサンプラギャタ・サマディは、ケーバラヤ、あるいはムクシャといわれ、神そのものになるものです。これを達成することによって生と死に翻弄されず、人間を超えることができるのです。

現代医療とスピリチュアルな癒しの関係

現代は、科学の発達とともに、医療技術がすさまじいスピードで進歩し、人々は多くの助けを受けています。体の異常を発見する検査技術は日々向上し、治療法も日進月歩です。

では、スピリチュアルな癒しには、意味がないのでしょうか。いいえ、そうではありません。こんな話はよく耳にするのではないかと思います。

重い病気や事故によって、明日をも知れない命だった人が、家族や知人による励ましによって、急速に回復したという例です。意識不明だった人が、家族の懸命な呼びかけによって、意識を取り戻したという話もあります。こうした事実は、まさにブレッシングと癒しが重要であることを物語っています。

スピリチュアルな癒しはゆっくりと起きます。それには治っていく段階が必要であるからです。それによって自然なリズム、調和のとれた状態が回復していくのです。ブレッシングには、相手の生命力を高める癒しの力があり、誰もが与えることができます。

なかでも、苦行を経験した高い意識を持つ人のブレッシングは特別です。そのブレッシングと、サンカルパという意志の祈りは、大きな癒しの奇跡を起こし、それを受ける人にとって大きな希望となるのです。もちろん、それは信頼があって初めて起きるものです。

時に、スピリチュアルな療法や自然療法によって状況が悪化すると、人は不安を訴えたり、怒りをあらわにすることがあります。しかし、スピリチュアルの癒しはゆっくりと起きることを忘れてはなりません。本人の安心のためにも、家族の安心のためにも、病気になったら、まず医者にかかるのが一番です。

とくにガンのような難しい病気は、病院で診てもらうことが大切です。そうしたうえで、大きな希望となるスピリチュアルな方法が助けとなります。病人は生命力を高め、奇跡が起きることを信じます。信じることが、大きな安心と癒しになっていくのです。

信ずる心こそが成功や健康をもたらす

信仰を持つことは弱い人間の証拠である、と述べる人たちがいますが、はたしてどうでしょうか。人生においては、信ずる心がなければ成功しません。なかでも神を信ずるのは高い考えです。

人は誰もさまざまなカルマを持っています。人が内なる神を信じて生きることができなければ、いろいろな癖を持ち、やがてバランスを崩し、心が不安になったり、病気になったりしてしまいます。

私たちは、外からのストレスの攻撃から身を守らなければなりませんし、悪い循環を絶ち切っていかなくてはなりません。あなたが今までの人生でしていた多くのことは、心と体に毒を生じさせていたのです。そのことに気づき、そこから抜け出していくことが重要です。

人は何か悪いものを引き寄せる、たくさんの悪いカルマを持っています。従って、心と体の浄化を通じての、カルマの浄化が必要です。ほとんどの人が自分ではどこが悪いのかはっきりしないのですが、自分に気づきをもち、自分を正していくことが大切なのです。

たとえば、ガンになるのは、何かの不調和があるためです。トラウマといえばよいかもしれません。ですから、ガンになった人は気づきが必要です。心の持ち方を感謝や平和に変えます。食事を変えたり、適度な運動をすることで、そうした不調和やトラウマを解消していくのです。

ジョギングか、スイミングをしたり、自転車に乗るのもよいでしょう。そうして、生活を変えることが肝心なのです。

具合が悪いのに、そのまま自分の態度を変えず、無知であり続けることは、自分自身をだまし続けていることになります。現実をよく見ようとせず、自分を偽っていると、病状は悪化するばかりです。

どこか悪いと感じたなら、早く病院に行って体の状況をチェックすることです。年を取ると、たいていの人は、体内のあちこちに、心身のストレスからきた毒素が蓄積して、まるでゴミ箱のような状態になります。そのために、体をコントロールできなくなり、機能が低下するのです。

現代医学による最新の医療技術と、スピリチュアルな癒しを信じることは、決して対立するものではありません。むしろ、その両者のよいところを活用する知恵が大切なのです。

癒しをもたらす体内のエネルギー

その人の病気の状態、お医者さんの診断によって、癒しの方法は違います。大切なのは、心と体を浄化し、バランスをとって生命力を高めていくことです。その生命力が癒しの力となり、やがて病気が癒されるのです。

体全体を浄化して整えるには、ヨガのアーサナ（座法、いわゆるヨガのポーズ）がよく効きます。アーサナはとても合理的に、形を整えるようにできているためです。病気であっても、慢性的な病気であれば、かえって歩いたり、ジョギングをしたり、エクササイズをすること、リラックスすることが大切です。もちろん、無理をせずに注意深く行う必要があることは言うまでもありません。アーサナ、適度な運動、リラックスによって、体にたまった毒素をどんどん出していきましょう。

癒すためには、食べ物も重要です。食物は血肉をつくるものですから、純粋で自然なものを食べましょう。さらに、正しい呼吸法を選んで、体の中を調整し、浄化します。呼吸の調整は胸とお腹で行います。

癒すための、深い秘密の教えがあります。それは、体の中のエネルギーとして、のどのネクターを浄化し、目覚めさせることです。頭の中、額の奥にある不死のエネルギーのセンターから、通常の人はしずくが落ちて流れ、おへそのセンターで燃え、生命エネルギーとして使われています。ヒマラヤの秘教、サマディヨギの知恵のテクニックにより、それをコントロールし、のどのセンターで受け止め、そのネクターを飲むことで、無限の生命力を得て不死となることができるのです。

おへそには、生命エネルギーのセンター、つまり太陽エネルギーがあります。お腹はすべてを焼き、病気を破壊してくれます。そのためには特別な太陽エネルギーが必要です。それは熱すぎず、冷たすぎず、バランスの取れたエネルギーです。

また、状態に合った癒しのエネルギーをつくりだします。そのエネルギーを癒すべきところに運ぶのです。その癒しのエネルギーは本来、誰の中にもあるもので、いわゆる自然治癒力と呼ばれるものです。しかし、現代人は心が混乱しているために、その癒す力を持っていないことが多いのです。そのために、自分のマインドを正しく使い、意志の力を発達させることで、気づきと癒しのエネルギーをつくることを心がけなくてはなりません。ヒマラヤ秘教ではない場合、一般的にはマインドを使い、マインドパワーで癒しています。

ただし、こうした癒しのパワーを、自分を癒すために使うのではなく、人を癒すために使うのは大変なことです。無防備に行うと自分のエネルギーが混乱し、生命エネルギーが弱くなり、下手をすると自らも病気になってしまいます。ですから、癒しをするマスターは心と体をよく知り、それをコントロールできる、自らの生命エネルギーを高められる人でなければならないのです。本当のヒーラーになるのは非常に難しいことなのです。

五感を浄めることで毒素をはじきだす

感覚を浄化し、コントロールすることで、外からの毒素を受け取らないようにすることも大切です。

外からの刺激を受けると、感覚が働いて心が苦しみます。そして病気が悪化してしまいます。

そうならないために、感覚を浄め、苦しみや痛みを見つめるのです。これが感覚に翻弄されず、切り離すあり方です。

感覚には視覚、聴覚、臭覚、味覚、触覚があることはご存じでしょう。この五つの感覚を浄めることは、感覚をコントロールして、それにつながる心を浄め、心をコントロールすることになります。それに気づき、見つめることで、それらの混乱を引き起こす対象と離れ、越えていくのです。なかでも、ヒマラヤ秘教のクリヤ瞑想が、感覚を浄めることに大きく役に立ちます。

まず、視覚を浄めましょう。緑を見ると目が浄められ、水を見ると目が清浄になります。太陽を見ると目が浄化され、美しい花を見ると目が浄くなり、心が浄化されます。

次に、聴覚を浄めます。悪い言葉にとらわれないようにします。美しい音楽を聴きます。耳の中の音を聞きます。そして、クンバカ（呼吸を止めること）を行います。

臭覚を浄めるため、良い香りを嗅ぎます。呼吸法に従って呼吸を行います。良い空気と良い香りは、体を浄めます。

味覚を浄めるには、きつい味覚をとらないようにします。自然なものをとり、薄味にします。味覚の執着を断つために、味覚を見つめます。

最後に触覚、つまり皮膚の感覚を浄化します。それには、多くの人と会わないようにするのが最適な方法です。触らないようにします。自然な入浴を行って、リラックスと浄化を進めます。

感覚をコントロールするのは、第5章で説明した、ヨガの第五段階であるプラティヤハーラの行です。これには、なんの行為もせず、起こることを見つめるという、高度な行もあります。このプラティヤハーラには、いろいろな修行の要素が含まれます。集中、呼吸、アウェアネス、気づきが入り、感覚をコントロールするとともに、心が浄化されていくのです。プラティヤハーラによって、気づきの心をいかして、生活を正していくのです。

そして、体を動かし、よく歩き、体を目覚めさせてください。最後に、呼吸をして、生命エネルギーのプラーナを体に送り込み、浄めます。エネルギーを受け取ったあなたは、これで仕事をしっかり行うことができ、成功していくことは間違いありません。

心を浄化し病気を癒す、ヤントラとマントラ

ヤントラとマントラも心を浄化し、病気を癒してくれる効果があります。

このうち、ヤントラとはエネルギーのシンボルのことで、それをよく知るマスターによって癒されます。心は常にいろいろなことを考えていますので、心に良い思いを与えて浄化するのです。

ヤントラは宇宙のシステムと体の偉大なメカニズムを表したものであり、単なるシンボルを表しているのではありません。ヤントラは環境と自分の心と体と魂に影響し、私たちは調和とパワーを得ていくのです。たとえば、あなたの部屋にシンボリックなヤントラを張るとよいでしょ

う。ヤントラにはいろいろな種類があり、マスターのガイドに基づいて、その人にあったタイプのヤントラを使い、体のシステムを変容していきます。

一方、聖なる波動であるマントラは心を浄化します。マントラは宇宙が生まれる時の原初の音からつくられた音であり、なおかつ真理を知る聖者によって発見され培われた、聖なる波動であり、神の音です。マントラによって、私たちは安全に癒しを進めることができ、生命の源にいざなわれるのです。

マントラは、マスターよりディクシャというイニシエーションを通して伝授され、クンダリーニという、パワフルな中心のエネルギーにつながり、生命エネルギーをパワフルにします。

また、マントラは電気エネルギー、磁気エネルギーをもっています。そのマントラが波動をつくり出し、その波動がレーザーとなり、対象となる体のセンターに当たることで、パワーを生み出します。あるいは、そのレーザーが病人の患部に当たると、そこで化学作用を起こし、細胞や原子が変容を起こすのです。

マントラがつくりだすレーザーには、三つの種類があります。それは、サンスクリット語でいうサットバ（純粋な要素）、ラジャス（活動的要素）、タマス（重たい要素）というエネルギーです。

マントラにより心の浄化、カルマの浄化、体の浄化が起きることで、あなたに変容が起こるのです。あなたの心身のシステムに化学作用が起き、静寂や平和が訪れ、生命力が高まります。そして、特定のエネルギーが目覚め、あなたを癒してくれ、さらには悟りに導くのです。言うまでもなく、こうしたマントラはマスターなしに行うことは危険です。

それらはアヌグラハのブレッシングとともに行うことで、より強力に働くのです。

ハートに向けての祈り

ハートは慈愛のエネルギーのセンターです。ここにエネルギーがたまることで、人は慈愛の心に満ちてきます。それはとらわれのない愛であり、私有しない愛です。それとともに人は平和になり、幸福になるのです。それは自分を助けるとともに、他の人を助けることにつながります。

私たちはみな、本源の存在から生まれた兄弟です。形の違いはあっても、出所は同じです。まわりの人を愛し、目に見えないものを愛し、感謝していきます。平和を保ち、幸福を保ち、他の人のために、次のように祈ります。


私の体が平和でありますように。

私のアストラルな体が平和でありますように。

私の心が平和でありますように。

すべてが平和でありますように。

個人の心や精神が平和であれば、やがて世界は平和になります。あなたが平和でありさえすれば、家族を変え、世界を変えることができるのです。

世界の祈りがなぜ大切なのかといえば、それが一つの考えになり、一つの心をつくるからです。もちろん、多くの人々の心を一度に変化させるのは大変かもしれません。しかし、祈りは希望になり、長い時間をかけて平和をもたらすもとになるわけです。ディクシャを受け、聖なる波動をいただき、個を超えたレベルにチャンネルを合わせ、集合意識のレベルでつながることで、平和をつくっていくのです。

それが起きるためには、マスターのサマディ・パワーが必要です。マスターの聖なる波動によって、いろいろな意識を一つにしていくのです。

さもないと、人間のエゴによってエネルギーのバランスが崩れ、戦争、暴動、地震、洪水、津波といった災害が引き起こされてしまいます。そうした災害が起こらないようにするために、私たちは地球の人々の意識を浄め、悪いカルマを浄めなければならないのです。

さあ、聖なる波動を内に広げましょう。そして、アウェアネスを、気づきを行い、世界が平和であるように祈ってください。世界の平和は、神が望むことでもあります。地球の環境を良くし、世界を平和にするために祈るのです。

祈りという強い力

あなたも含め、ものごとはすべて、常に変化しています。創造と破壊が時々刻々、たえず繰り返されています。

もし、神がこの世界を終りにしようと思い立ったら、どんな力もそれをストップできません。これは自然なことであり、その可能性はいつもあるのです。

世界経済の不安や、地球の温暖化や、環境破壊の進行など、困難の多い現代において、スピリチュアル・ワークをしている人たちの中で、イマジネーション・タイプの人が、人類の終焉との危惧をしていますが、神の意志がない限り、そうした事態は起きません。反対に、もし神の意志があるならば、それはいつでも起きるのです。それは自然の力であり、スピリチュアル・パワーも科学の力も及ばないのです。

とはいえ、私たちの祈りには強い力があります。祈りは心を肯定的なものにし、正しい方向に導きます。祈る人は神につながり、神聖な力をいただきます。神が望むのならば、祈る人の人生には不幸は生じないのです。祈りで心は変化できますし、あなたの人生は自由自在に変えられるのです。

祈る人は、神という至高なる存在に達します。本来の自己になり、内側から満ちることのできた人間は、宇宙の真理を悟ることができました。聖なる祈りによって、神秘の扉を開けたのです。

人間は神の作品であり、最高で最終の進化した作品です。神はそのように、神に達することができるように、人間をつくったのです。自ら変容して覚醒した人間に対し、この世界を与え、クリエイティブにこの社会を変え、世界に平和をつくっていく力をもたらしたのです。

ヒマラヤ秘教のアヌグラハによれば、その神への道、本当の自分への道が、すみやかに進められることができます。そして、神からのグレイスを受け、生きることが楽になるのです。その祈りは、自らをより幸福にするとともに、人々の救いとなっていきます。また、修行によってカルマを浄めることで、祈りはさらに力強いものになっていくのです。

あなたの人生は豊かになり、幸福になり、すべてのアングルにおいて成功に導かれ、さらには悟りにと導かれます。あたかもヒマラヤの洞窟で深く自己を見つめるかのように、あなたは安全にすみやかに生まれ変わり、本当の自分になるのです。

あとがき

心と体と魂を浄めるために

この本でたびたび申し上げたように、私はヨギです。単なる体操のヨギではありません。心と体と魂のすべてを知るヨギです。

私のカルマによって、幸運にもわがマスターになってくださった偉大なヒマラヤ聖者のハリババジや、兄弟弟子のマハヨギであるパイロット・ババジ、その他の偉大なヒマラヤ聖者たちに会うことができました。そしてともに生活し、直接のブレッシングを得る機会をいただきました。

アヌグラハといわれる神のグレイスと、それに等しいヒマラヤ聖者のグレイスによって、心を超え、体を超え、サマディに達し、セルフ（本当の自分）になることができました。時間を超え、空間を超え、サマディに達し、ナッシングネスとなったのです。

そして私は、人々にブレッシングを与える力を得たのです。それは人を癒し、人の苦しみを取り除き、幸福な人生に導き、成功をもたらします。

私はそのための、さまざまなテクニックを知っています。私自身はすでに、それら多くのテクニックを駆使する必要はなく、アヌグラハのみを用いればよいのですが、人々を浄めるために、そのテクニックを伝えています。

多くの人は心を無知に使い、欲望の心のままに行動して生きています。そのために過ちを犯して、さまざまな苦しみや病気をつくっているのです。私はそれを取り除き、光のもとにガイドすることを強く願っています。

私はすべての人々に、ヒマラヤで学んだことを伝えています。そして、人生において大きな成長を望む人に対して、夢を叶え、助けていくことを続けているのです。

内側の世界への旅

本書では、心を探り、悩みと苦しみについて解明することから始めて、無の世界に潜む、限りない力について述べ、人はいったいなんのために生まれてきたのか、ということを説明してきました。

私たちは食べるためにのみ生まれてきたのでもなく、仕事をするためにのみ生まれてきたのでもなく、また、家庭をもって、子供を育てていくためにのみ生まれてきたのでもありません。人生をエンジョイするためにのみ生まれてきたのでもありません。むろん、争うために、戦うためご愛読ありがとうございます。今後の出版企画の参考にいたしますので、ご記入のうえ、ご投函ください。

お住まいの地域

□ 北海道　□ 東北　□ 関東　□ 信越　□ 北陸　□ 東海　□ 近畿
□ 中国　□ 四国　□ 九州　□ 沖縄

年齢 □ 12才以下　□ 13～18才　□ 19～29才　□ 30～49才　□ 50才以上

性別 □ 男　□ 女

職業 □ 中学生　□ 高校生　□ 専門学校生　□ 短大生　□ 大学生　□ 大学院生
□ 会社員（事務系）　□ 会社員（技術系）　□ 会社員（その他）　□ 会社役員
□ 公務員　□ 教職員　□ 自営業　□ 農林水産業　□ 自由業　□ 主婦
□ 家事手伝い　□ 定年退職者　□ 無職　□ その他（　　　　）

ご購入の動機をお聞かせください。（複数回答可）

□ 著者名を見て　□ タイトルを見て　□ 書店で実物を見て　□ 人にすすめられて
□ 新聞広告を見て　□ 書評を見て（雑誌・新聞名　　　　）
□ インターネットで見て（サイト名　　　　）
□ その他（　　　　）

お買いあげ書店名（　　　　）

購読している新聞（　　　　）

愛読している雑誌（　　　　）

関心のある執筆者、テーマなどをお聞かせください。

ご協力ありがとうございました。

郵 便 は が き

料金受取人払郵便

小石川支店承認

8405

差出有効期間
平成22年10月
31日まで

1128790

東京都文京区音羽1-17-14

講談社インターナショナル株式会社
愛読者カード係 行

心を空っぽにすれば夢が叶う

この本についてご意見、ご感想などをお教えください。

に生まれてきたのでもありません。欲しいものを得るため、生きるために戦ったり、食べるために戦うのなら、動物と変わらないのです。

私たちがどんなに一生懸命になって働き、ほしいものを手に入れるために必死になって努力したとしても、肉体という衣を脱いで、あの世に旅立つときには、所有しているそれらすべてを、この世に残して去らなければなりません。

いかに生きるべきか、そしていかに死ぬべきなのかということについて、もっと自覚をもっていただきたいのです。そして自分の内側に何が起きているのか、自分はいったい誰なのかということに気づいていく必要があります。また、死んでから、私たちの生はどういうふうになるのかを知ってほしいのです。

内側の世界への旅をしていくと、本当の自分とはいかなるものなのかということが、実感としてわかってきます。あなたの中には、素晴らしい才能とパワーが潜んでいます。あなたには無限の可能性があります。あなたの内側には本当の幸せがあり、真理があります。あなたは満ち足りた存在です。愛に満ち、神性なる存在、聖なる存在なのです。そのことに気づいていただきたいのです。

すべてのことは素晴らしい出会い

しかし、その才能やパワーが悪いところにはまると、地獄のような、阿修羅のような世界に入ってしまいます。常に心を高めて、善のエネルギーの方向に導いていかないと、奈落の底に落ちてしまいます。

ぜひ、このことを真摯《しんし》に受けとめ、せっかくいただいた自分の心と体に責任をもって、日々、大切に磨いていっていただきたいと思います。

そして、思いこみや執着を離れて心豊かになり、意識のレベルを高めて、魂の神秘に出会ってください。

無を通じて本源の世界に導かれて、この人生の中で、あなたの夢を叶えてください。そして世界を浄化する役割を果してください。

あなたが生きていく中で生じる、すべてのことは学びであり、あなたの愛を大きくするための出会いであり、あなたの知恵を気づかせていただける出会いです。

あなたはいつも偉大なる存在によって守られています。

限りない愛が時空を超えて、いま、あなたに注がれています。

あなたの中に平和が満ちていきます。

愛が満ちていきます。
喜びが満ちていきます。
あなたは自分を信頼していきます。
生命エネルギーが活性化されていきます。

あなたが奥深い真理に気づき、自由を獲得して、希望に満ち溢れた、深く豊かな、よりいっそう素晴らしい人生を歩んでいくことを祈ります。

ヨグマタのこと

パイロット・ババジ
（インド・スピリチュアル協会会長、マハヨガ協会会長）

あなたは、この本を読んで、生きる上でとても深い意味をもつ、役立つ叡智に触れることができたに違いありません。本書には何よりも、心というものがいかに強く、私たちを支配しているか、そして心の働きを超えて、「心を空っぽにする」ことが、いかに素晴らしいか、ということが記されています。

本書の著者であるヨグマタ・相川圭子は、ヒマラヤにおける大いなる悟りを得た魂です。彼女はヒマラヤの偉大なる聖者のコミュニティーである「サンガ」のメンバーです。また、偉大なるヒマラヤ聖者の正統な流れを嗣ぐハリババジの弟子でもあります。私のマスターもハリババジであることから、彼女は私の兄弟弟子でもあります。

ヒマラヤの聖者によるブレッシングをいただきながら、ヨグマタと私は一緒に、ヒマラヤ、インド、ネパール、チベットの秘境の地や、神秘的な洞窟、秘伝の地、寺院などを数多く旅することができました。そこには、多くのシッダーマスターのグループが三百年から千二百年以上も暮らしています。私とヨグマタも、これらのマスターのグループに属していますが、我々の持ったカルマにより、実社会に下りるよう導かれたのです。

世界は今、変化を必要としています。日本、そしてインドも、国の発展や人生の成功の陰に潜む、困惑からの脱却が必要です。人には過去・現在・未来があり、それぞれのカルマがあります。しかし人は無知で生き、そのことを知りません。ヨグマタはヒマラヤの、実在する偉大な聖者より、日本に戻り、「どのようにして人生の本当の生きがいを見つけるか」を人々に教えなさいと、使命を授かりました。

ヨグマタは真実の悟りという恩恵をいただいた人物であり、体、心を超えています。魂が覚醒した本物の導師です。ブレッシングという、恩恵を得たパワーである、アヌグラハ、そしてシャクティパットなど、さまざまなパワーを持っています。彼女は公開サマディを成した、女性として世界で唯一の、かつ最初の聖者です。インドの人々は彼女を愛し、何百万人もの人たちが讃えています。

彼女は多くの一般の日本人が幸福に生きていけるように、大きな手助けをしてくれることでしょう。彼女のアヌグラハは、世の中で成功し、そして精神的な成長をする上で、すべての人にとって素晴らしい恩恵となるエネルギーとなります。

あなたは人生におけるさまざまな望みを抱いていることでしょう。しかし、じつは、あなたが望むものは全て、あなたはすでに持っているのです。それが、この世界であり、あなたにはそれがすでに与えられているのです。

あなたが自分本来の姿に戻ることができるとしたら、あなたの人生は世の中でもっとも神秘的であることを知るでしょう。あなたは「小宇宙」なのです。その宇宙の真理、そして人生の目的を本書から見いだし、あなたの内側に入り、思いきってそこに飛び込み、悩みと混乱から抜け出してください。

この本に語られていることが理解できたとき、それはあなたの日常の道標となり、あなたの人生は大きく変わるに違いありません。

記されているすべての言葉には素晴らしい意味が込められています。この本を読まれる、すべての方に祝福がもたらされるでしょう。

著者紹介

ヨグマタ・相川圭子　ヨグマタ・あいかわけいこ

35年以上、朝日カルチャー、NHK、読売・日本テレビ文化センター等でヨガ・瞑想を監修指導。同時に、古今東西の癒しと浄化、能力開発のための研究を重ね、1985年ヒマラヤの大聖者ハリババジに邂逅、師事。ヒマラヤでの幾多の厳しい修行を経、意識の究極段階「真のサマディ」に到達。インド政府、および聖者協会より「サマディ・マスター」「現代瞑想の母」の尊称をいただく。2007年には、インド2千万人の聖者・行者の最大の協会「ジュナ・アカラ」(インド・スピリチュアル協会)より、最高指導者の称号「マハ・マンドレシュワリ」(偉大なる宇宙のマスター)を、女性として、外国人として初めて授かる。インド中で1991年から2007年まで18回、世界平和のための公開サマディを行い、人々に愛と平和を分かち合う。また、救急車寄贈等のチャリティと共に、インドを中心に、授業料無料の、小学校から大学までの総合のパブリックスクール約3千校を運営する「アイカワ・インターナショナル」を通して、若者の教育にも貢献。サマディへの道のサイエンス・オブ・エンライトメントを主宰。20年に及び、ヒマラヤ聖者の教えを伝え、ブレッシング(祝福、アヌグラハ)を与えている。また、ヒマラヤ秘法の数々と瞑想秘法を伝授し、心と体の真の解放による癒し、サマディをガイドし、悟りに導いている。主な著書は『シッダーマスターが示す悟りへの道』(たま出版)、『瞑想でキレイになる』(二見書房)。他にNHK・CDセレクション『ヨガと瞑想の極致を求めて』がある。

問合せ先：サイエンス・オブ・エンライトメント
TEL 03-5773-9870　　HPアドレス http://www.science.ne.jp

講談社インターナショナルの好評既刊

免疫革命
安保徹

免疫力が上がると、病気が治癒に向かうのはなぜか？世界的な免疫学者が解き明かす、ガン、アトピーなど、難病・慢性病の発病と治癒のメカニズム。現代医学の盲点をつく、刮目の書。

真贋
吉本隆明

毒にも薬にもなるモノの見方、ヒトの見方。常識的な「問い」と「答え」が氾濫する世の中に真っ向から対峙する。今、本当に考えるべきこととは何か。現代を生き抜くための究極の視点。

宇宙が味方する経営
伊藤忠彦

なぜ懸命に努力しても成果が上がらないのか。破綻寸前の銀行を奇蹟的に他に類を見ない優良行にした現役頭取が初めて明かす、運命の大きな流れをつかみ、会社を、人生を成功に導く思いもかけない方法。

宇宙が味方する生き方
伊藤忠彦

誰も考えもつかなかった人生の驚くべき仕組みのすべて。まったく新しい幸福への道が示される。いま注目の成長性No.1銀行の現役頭取が書いた宇宙からの希望のメッセージ。人生成功の究極のバイブル。

心《こころ》を空《から》っぽにすれば夢《ゆめ》が叶《かな》う

2008年11月25日　第1刷発行

著　者　ヨグマタ・相川圭子《あいかわけいこ》
発行者　富田 充
発行所　講談社インターナショナル株式会社
〒112-8652　東京都文京区音羽 1-17-14
電話　03-3944-6493（編集部）
03-3944-6492（営業部・業務部）
www.kodansha-intl.com

印刷・製本所　大日本印刷株式会社

編集協力　武蔵エディトリアル

ISBN 978-4-7700-4096-1